Dr. Nicole Schaenzler

Positiv Denken

Erfolgreich durch die Kraft
der Gedanken

BELLAVISTA

Sinnlose Wutausbrüche müssen nicht sein. Sparen Sie Energie und Ärger, indem Sie Konfliktsituationen rechtzeitig entschärfen und für sich nutzbar machen.

Die Macht der Gedanken 5

Du bist, was du denkst 5
Wie Lebensformeln entstehen 14
Faktor X – das Unterbewusstsein 26

Blockierte Lebensenergie 35

Unfreiheit durch negative Glaubenssätze 35
Unbewusste Schuldgefühle 43
Die Macht des negativen Selbstbilds 48
Der Kreislauf der Angst 54
Wenn Stress ein Dauerzustand ist 59
Special Krankheit als Chance 64

Zufrieden leben mit Positivkonzepten 67

Denken Sie positiv 67
Handeln Sie positiv 73
Vorstellungen als innere Kraftquelle 80

Kreative Hilfen zur Selbsthilfe 83

Selbstbeeinflussung durch Affirmation 83
Mentale Entspannung durch Visualisierung 87
Durch Meditation zur Erkenntnis 92
Stressabbau durch Entspannung 98
Pflegen Sie den Selbstdialog 104

Der mentale Weg zum Erfolg 111

Was ist Erfolg? 111
Heimliche Sehnsüchte 116
Die Kunst zu genießen 119
Setzen Sie Ihre inneren Kräfte frei 122

Über dieses Buch 126
Register 127

Einmal wieder richtig ausgelassen sein: Mit Positiv Denken lernen Sie, das Kind im Erwachsenen zu entdecken.

Die Macht der Gedanken

Ein kleiner flüchtiger Gedanke wird vielleicht kaum wahrgenommen, und doch findet er Widerhall: sei es in der Außenwelt, indem er ausgesprochen wird oder eine konkrete Aktion nach sich zieht, sei es in unserer Innenwelt, indem er ein angenehmes oder unangenehmes Gefühl erzeugt und eine körperliche Reaktion hervorruft. Tatsächlich haben Gedanken immer einen Einfluss auf unseren Geist, auf unseren Körper und unsere Gefühle – auch, wenn wir uns dessen oftmals nicht bewusst sind. Es hängt also von unserer Gedankenwelt und damit von unserer Vorstellungskraft ab, ob wir uns gut oder schlecht fühlen, ob wir zufrieden oder unzufrieden sind, ob wir etwas positiv oder negativ bewerten.

Du bist, was du denkst

Du bist, was du denkst – auf dieser Formel basiert das therapeutische Konzept des so genannten positiven Denkens. Dabei geht es keinesfalls darum, alles durch eine rosarote Brille zu sehen – das würde dazu führen, objektive Missstände, ungute Ereignisse oder Entwicklungen zu beschönigen bzw. so zu tun, als seien sie nicht vorhanden.

Ziel ist es vielmehr, diesen Dingen die Macht zu nehmen, unseren Gemütszustand negativ zu beeinflussen. Die Voraussetzung dazu ist, dass wir unsere Einstellung ändern. Zumeist steckt in Schwierigkeiten die Chance, Änderungen herbeizuführen, die sich für unser Leben als wichtig und richtig erweisen.

Gedanken sind mächtig: Sie waren und sind der Impuls für alle Handlungen und Errungenschaften der Menschheit. Jeder Gegenstand, der uns heute wie selbstverständlich umgibt, hat als Gedanke begonnen. Und jede Tat geht auf einen Gedanken zurück.

Schon die Volksmusik wusste: »Die Gedanken sind frei«. Nutzen Sie diese Freiheit! Es ist sehr befreiend, die Gedanken auch einfach mal nur schweifen zu lassen.

Erkennen, wenn etwas nicht zu ändern ist

Machen Sie sich also bewusst, dass es allein an unserer Bewertung liegt, ob wir uns gut fühlen oder wie wir handeln. In diesem Sinn weiß auch ein positiv denkender Mensch um die negativen Dinge im Leben. Doch er widmet ihnen nicht seine ganze Aufmerksamkeit, denn er hat akzeptiert, dass es vieles gibt, das er einfach nicht ändern kann.

Wir leben in einer Welt der Gegensätze. Es gibt oben und unten, schwarz und weiß, gut und böse, positiv und negativ. Diese Gegensätze bilden eine Ganzheit. Wann immer wir eines dieser Dinge ausgrenzen, geraten wir aus dem Gleichgewicht, ja, wir brauchen sogar das eine, um das andere erkennen zu können.

Lösungsansätze durch positives Handeln

Es ist ein Irrtum zu glauben, dass wir uns nur deshalb schlecht fühlen, weil wir so viele Probleme haben. Wir fühlen uns vielmehr schlecht, weil wir uns auf die Probleme fixieren. Um dauerhaft zu einer zufriedeneren Lebensweise zu gelangen, ist es wichtig zu lernen, sich mehr auf die positiven Dinge zu konzentrieren, die uns tagtäglich widerfahren – mögen sie auf den ersten Blick auch noch so unbedeutend sein. Ist man erst einmal von einer solchen lebensbejahenden Grundstimmung durchdrungen, fällt es einem viel leichter, sich auf die Fähigkeit zum positiven Handeln zu besinnen. Und diese wiederum ermöglicht es, schließlich doch noch angemessene Lösungen zur Bewältigung von Problemen und Krisen zu finden.

Die Lehre vom halb vollen Glas

Für zwei Menschen kann ein und dasselbe Wasserglas verschieden sein: Für den einen ist es halb voll und für den anderen halb leer. Wie würden Sie das halb gefüllte Glas spontan betrachten? So simpel dieses Beispiel auf den ersten Blick erscheinen mag, so sagt es doch eine ganze Menge über unsere Grundeinstellung aus.

Standortbestimmung – wie zufrieden sind Sie?

Gehen Sie folgende Checkliste durch, um zu sehen, welche Grundhaltung für Sie typisch ist. Beantworten Sie die Fragen möglichst spontan und ohne zu zögern. Am besten, Sie notieren sich die Antworten. In ein paar Wochen oder Monaten können Sie sich die Fragen noch einmal stellen – vielleicht kommen Sie dann auf andere Ergebnisse.

Gehören Sie auch zu den Menschen, die meinen:

▶ Dass sie vor allem die Schattenseiten des Lebens kennen gelernt haben?

▶ Dass immer die anderen Glück und Erfolg haben?

▶ Dass es in Ihrem Leben keinen Grund gibt, optimistisch zu sein?

▶ Dass Sie nie das bekommen, was Ihnen zusteht?

▶ Dass die Zukunft kaum bessere Bedingungen für Sie bereithalten wird?

▶ Dass es sich nicht lohnt, seine Interessen zu vertreten, weil sich ja doch nichts ändert?

▶ Dass Sie sich von anderen oft ungerecht behandelt fühlen, aber nicht wissen, was Sie dagegen tun können?

▶ Dass Sie über keine nennenswerten Fähigkeiten verfügen, auf die Sie stolz sein können?

▶ Dass Sie mit Krisensituationen nicht umgehen können und deshalb Konflikten lieber aus dem Weg gehen?

▶ Dass Sie sich einem permanenten Stress ausgesetzt sehen, weshalb Sie sich chronisch überfordert fühlen?

▶ Dass Sie nicht tatkräftig und/oder nicht mutig genug sind, um Veränderungen in die Wege zu leiten?

▶ Dass Sie in Ihrem Leben eigentlich gern andere Akzente setzen würden, aber nicht wissen, wie?

▶ Dass Sie zwar Wünsche haben, aber Ihre Ziele doch nie erreichen werden?

Herauszufinden wo man steht, mit welcher Einstellung und mit welchen Erwartungen man sich selbst und dem Leben begegnet – dies ist die Grundvoraussetzung für alle, die ernsthaft bemüht sind, ihrem Fühlen, Denken und Handeln eine neue Richtung zu geben.

Sie stimmen nicht in allen Punkten überein

Gut möglich, dass Sie nicht in allen Punkten mit der Checkliste übereinstimmen. Es ist sogar wahrscheinlich, dass Sie durchaus mit Teilaspekten Ihres Lebens zufrieden sind! Was nichts anderes heißt, als dass Ihre Gedanken in Bezug auf diese Bereiche positiv sind, wohingegen Sie anderen überwiegend negative entgegenbringen. In diesem Fall wird es Ihnen vermutlich leicht fallen, den Gedankengängen dieses Buchs zu folgen: Aus Erfahrung wissen Sie bereits, dass positive Gedanken eine positive Einstellung und damit positive Veränderungen und Zustände bewirken können. Oder ist Ihnen diese Fähigkeit gar nicht bewusst?

▶ Schauen Sie sich die Bereiche in Ihrem Leben, mit denen Sie zufrieden sind, genau an.

▶ Überlegen Sie, warum Sie gerade diese Bereiche als positiv empfinden und was Sie selbst dazu beigetragen haben, dass sie sich als Ihnen gemäß und zufrieden stellend darstellen.

▶ Geben Sie sich ganz diesen positiven Gedanken und Empfindungen hin. Fällt Ihnen auf, dass Sie sich schon bald ein wenig besser fühlen?

▶ Betrachten Sie nun die Bereiche, mit denen Sie unzufrieden sind: Warum gelingt es Ihnen nicht, ihnen eine ähnlich positive Einstellung entgegenzubringen?

▶ Was könnten Sie selbst sofort tun, um positive Veränderungen in diesen Bereichen einzuleiten?

▶ Was könnten Sie selbst auf lange Sicht dazu beitragen, dass sich diese Bereiche zu Ihrer Zufriedenheit entwickeln?

▶ Wovor haben Sie Angst?

▶ Stellen Sie sich vor, wie gut Sie sich fühlen, wenn Sie Ihr Ziel erreicht haben.

Konzentrieren Sie sich auf das Positive! Überlegen Sie, was Ihnen in Ihrem Leben schon alles gelungen ist, was Ihnen Freude bereitet und Ihnen immer wieder neue Kraft gibt. Oftmals würdigen wir die guten Dinge, die uns umgeben oder die wir erreicht haben, nicht mehr, sondern betrachten sie als eine Selbstverständlichkeit.

Sie stimmen in allen Punkten überein

Vielleicht haben Sie beim Durchlesen der Checkliste das Gefühl gehabt, dass Ihnen buchstäblich »aus der Seele« gesprochen wurde. Sie fühlen sich also tatsächlich als der geborene Pechvogel? Alles hat sich irgendwie gegen Sie verschworen und verhindert, dass Sie sich glücklich fühlen können? Es gibt nichts in Ihrem Leben, das Sie mit Zufriedenheit erfüllt? Sie können sich nicht vorstellen, dass die Zukunft positive Ereignisse und Veränderungen für Sie bereithält? Und Sie trauen sich nicht zu, positive Veränderungen in Ihrem Leben aus eigener Kraft herbeizuführen?

Das negative Lebensgefühl erkennen

Anders gefragt: Könnte es vielleicht sein, dass Sie die positiven Dinge in Ihrem Leben derzeit nur nicht sehen wollen, weil die negativen so mächtig, so allüberragend sind? In diesem Fall ist das negative Denken zweifellos zu einem bestimmenden Aspekt Ihres Daseins geworden, und es gilt, den tieferen Ursachen dafür auf die Spur zu kommen. Auf diese werden wir in den folgenden Kapiteln noch näher eingehen. An dieser Stelle sei nur gesagt, dass man positives Denken lernen kann. Dank einer veränderten Denkweise und einer positiven, lebensbejahenden Einstellung wird man sich auf Dauer nicht nur zufriedener und glücklich fühlen, sondern man verfügt auch über eine in jeder Hinsicht sinnvolle »Strategie«, mit der man Konflikte und Probleme bewältigen, seine Bedürfnisse ausleben und selbst gesteckte Ziele mühelos erreichen kann. Allerdings genügt es nicht, tatsächlich vorhandene Probleme zu verdrängen.

Zunächst müssen Sie Ihre inneren Blockaden erkennen lernen, bevor Sie diese auflösen können.

Vielen ist ihre negative Grundeinstellung gar nicht bewusst. Sie haben sich so sehr daran gewöhnt, sich unzufrieden, bedrückt, ängstlich oder frustriert zu fühlen, dass sie gar nicht mehr auf die Idee kommen, ihr chronisches Unbehagen zu hinterfragen und den Ursachen dafür auf die Spur zu kommen.

Fassen Sie einen positiven Entschluss

Schärfen Sie Ihren Blick für das Positive und die damit verbundenen Chancen, und sehen Sie nicht hinter allem das Schlechte und die möglichen Risiken. Auf diese Weise gelangen Sie auf Dauer zu mehr Lebensfreude.

Machen Sie doch einmal folgenden Versuch, und stellen Sie sich für einen Moment mit einer positiven Einstellung das Zimmer vor, in dem Sie sich gerade befinden: Ihre Möbel, die Dekorationsgegenstände, die Bilder an der Wand. Oder: den Fernseher, die Lampe, die Essecke … All diese Dinge befinden sich in Ihrem Besitz und werden vielleicht schon seit Jahren von Ihnen wie selbstverständlich benutzt. Und sie alle sind vermutlich einst von Ihnen mit Sorgfalt, Geschmack und wohl auch mit Freude und Begeisterung ausgewählt und zusammengestellt worden. Ist dieser seinerzeit doch so hoffnungsvolle Beginn nicht mindestens einen positiven Gedanken wert? Und fühlen Sie sich angesichts dieser positiven Erinnerung nicht gleich schon etwas weniger unbehaglich?

Alles hat seine guten und seine schlechten Seiten. Lachen Sie dem Leben entgegen, und es lacht zurück!

Auch Katastrophen müssen bewältigt werden

Zugegeben, es gibt tatsächlich Dinge, bei denen es schwer fällt, ihnen etwas Positives abzugewinnen. Der Tod einer nahe stehenden Person oder eine schwere Erkrankung wird auch einen positiv denkenden Menschen auf eine harte Probe stellen – allerdings ist gewiss, dass er sich früher oder später auf seine Selbstheilungskräfte besinnen und nach konstruktiven Wegen und Möglichkeiten suchen wird, wieder zu einer optimistischeren, lebensbejahenden Einstellung zu finden.

Für konstruktive Wege offen sein

Doch auch die kleinen Sorgen des täglichen Lebens können manchen Menschen so schwer zu schaffen machen, dass sie irgendwann die Freude am Leben verlieren. Allerdings: Familiäre Konflikte, finanzielle Probleme und berufliche Schwierigkeiten – wie stark solche Schwierigkeiten letztlich Einfluss auf die Qualität unseres Lebens haben, hängt entscheidend von unserer persönlichen Einstellung ab. Genau genommen hat man nämlich immer die Wahl: Entweder man lässt sich von ihnen bestimmen oder man sagt ihnen den Kampf an.

Man hat immer eine Wahl

Es gibt nicht wenige Menschen, die dazu neigen, Probleme immer wieder aufs Neue als Ärgernis zu empfinden, mit ihnen zu hadern und sich von ihnen die Laune verderben zu lassen. Doch Vorsicht: Wenn unsere Gedanken immer wieder um die Probleme kreisen, dann werden sie auf Dauer eher schlimmer als besser. Anderen fällt es dagegen sehr schwer, ein Problem anzunehmen. Denn wer Probleme hat, der gilt als schwierig und anstrengend. Viele haben deshalb Hemmungen, sich mit

Während manche Menschen Katastrophen in ihrem Leben als so bedrohlich empfinden, dass sie ihren Lebenswillen verlieren, erleben andere die Ereignisse zwar als schmerzhaft, doch haben sie genügend Selbsterhaltungsmechanismen, die es ihnen ermöglichen, das tragische Erlebnis seelisch zu verarbeiten.

Wer sich im Teufelskreis der negativen Gedanken befindet, läuft Gefahr, ernsthaft zu erkranken! Vergleichsweise harmlose psychosomatische Beschwerden, wie z. B. Muskelverspannungen, Rücken- oder Kopfschmerzen, Magen-Darm- oder Schlafstörungen, fangen an, sich zu verselbstständigen.

einem anderen auszutauschen oder gar um Hilfe zu bitten. Also geht man den Weg des – scheinbar – geringsten Widerstands und ignoriert das Problem.

Fest steht jedoch: Egal, ob Sie ein »Grübler« oder ein »Verdrängungskünstler« sind – die Probleme bleiben bestehen und werden über kurz oder lang eher noch bedrückender.

Im Teufelskreis der negativen Gedanken

Die Bewältigung von Konflikt- und Krisensituationen kann nur dann eingeleitet werden, wenn man das Problem erkennt, es akzeptiert und schließlich alles daransetzt, es zu lösen. Dazu muss man aber auch bereit sein, das Problem anzuschauen und Unangenehmes nicht beständig unter den Teppich zu kehren. In der Regel lösen sich Probleme nicht von alleine.

Hadern oder Verdrängen sind Vermeidungsstrategien: sie verhindern, dass notwendige Veränderungen stattfinden. Dadurch entsteht ein Teufelskreis: Wir füllen uns mit negativen Gedanken an – wobei diese auch dann »wirken«, wenn wir das Problem nicht wahrhaben wollen. Auf diese Weise büßen wir immer mehr Lebensenergie ein, was die Probleme schließlich nur noch größer erscheinen lässt.

Wie Sie Probleme lösen können

Probleme werden nicht kleiner, wenn man sie ignoriert oder wenn man ihnen eine zu große Bedeutung in seinem Leben einräumt. Besser ist es:

● Zu versuchen, das Problem zu erkennen und für sich zu akzeptieren
● Sich den gewünschten Idealzustand vorzustellen
● Zielgerichtet auf diesen Zustand hin zu handeln

Auch scheinbar unüberwindliche Hindernisse lassen sich bewältigen, wenn man die Initiative ergreift und an seine Fähigkeiten glaubt.

Am Anfang steht immer ein Gedanke

Egal, zu welcher Lösung Sie gelangen werden: Es wird immer ein Gedanke sein, der am Anfang steht. Als vage Idee mag sich der rettende Ausweg zunächst in Ihrer Vorstellung abzeichnen, als Plan, aus der dann die Tat und damit die Veränderung erwächst, wird sich der richtige Lösungsansatz schließlich realisieren lassen. Ein positiv denkender Mensch weiß aus Erfahrung: Wenn er seine zielgerichteten Gedanken beharrlich genug verfolgt und sich auch durch (vermeintliche) Hindernisse oder Verzögerungen nicht beirren lässt, wird er über kurz oder lang die für ihn angemessene Lösung finden. Und: Probleme sind nicht nur negative Ereignisse oder Folgeerscheinungen, die im Weg stehen. Probleme bieten immer auch die Chance, die eigene Lage neu zu überdenken und – wenn nötig – neue Wege einzuschlagen, die zu einem erfüllteren Leben führen.

Was immer Sie um sich herum betrachten: Alle geistigen, technischen und künstlerischen Errungenschaften unserer Zivilisation gehen auf einen einzigen Gedanken zurück.

Wie Lebensformeln entstehen

Warum setzen Probleme manchen Menschen so sehr zu, dass sie alle Lebensfreude einbüßen, während andere durch sie kaum aus der Ruhe gebracht zu werden scheinen? Warum klettern die einen die Erfolgsleiter so mühelos nach oben, während die anderen bei Beförderungen immer übergangen werden? Warum würde der eine bei einem Missgeschick am liebsten im Boden versinken, während ein anderer lachend darüber hinweggeht? Die Antwort liegt in der Natur der menschlichen Psyche begründet.

Eine objektive Wirklichkeit gibt es nicht

Jeder Mensch ist einzigartig. Vor allem aber ist es unsere Lebensgeschichte, die uns von einem anderen unterscheidet, selbst wenn er ein enger Familienangehöriger ist oder scheinbar ganz ähnliche Erfahrungen gemacht hat. Die Eltern, Geschwister und anderen engen Bezugspersonen während unserer ersten Lebensjahre, unsere Lehrer, die Erziehung und Ausbildung – all diese Schlüsselfiguren und prägenden Entwicklungsabschnitte in unserer Kindheit und Jugend konditionieren uns und tragen mit dazu bei, dass wir uns eine ganz individuelle Wirklichkeit schaffen, die nur für uns und niemand anderen gültig ist.

> **Allgemein gelten die drei ersten Lebensjahre als besonders wichtig für die künftige Entwicklung eines Kindes: Hat es in dieser Zeit nicht die elterliche Fürsorge erhalten können, die es gebraucht hätte, ist es sehr wahrscheinlich, dass es – u. a. – später Schwierigkeiten hat, ein gesundes Selbstbewusstsein zu entwickeln.**

> ### Jeder Mensch ist einzigartig
> So wie unser genetischer Kode einmalig ist, mit dem wir auf die Welt kommen, so sind auch unsere äußere Erscheinung und – jedenfalls bis zu einem gewissen Grad – unsere geistigen Funktionen individuell verschieden.

Verstand, Gefühl und Unterbewusstsein

Unsere Wahrnehmung und die Art, wie unser Verstand, unsere Gefühle und unser Unterbewusstsein miteinander agieren, aber auch die Charaktereigenschaften tragen ebenfalls mit dazu bei, dass wir in unserem ureigensten Universum leben. Kurzum: Infolge unserer Einzigartigkeit gehen wir auch mit Freud und Leid, Erfolg und Misserfolg, mit Höhen und Tiefen unterschiedlich um. Ob jemand am Leid verzweifelt oder daran wächst, hängt nicht zuletzt davon ab, welche (früh-)kindlichen Erfahrungen er gemacht hat. In welchem Maß Reaktionen und Verhaltensweisen von Kindheitserlebnissen abhängig sind, sollen drei Beispiele verdeutlichen.

Das prägende Verlusterlebnis

Ein Mann, der im Alter von drei Jahren seine Mutter verloren hat, wird vermutlich während seines Lebens jedes Verlusterlebnis schmerzlicher empfinden als andere. Jeder Verlust, sei es des Arbeitsplatzes oder der Partnerin, wird ihn in tiefe Verzweiflung stürzen, und er wird mehr Mühe haben, darüber hinwegzukommen als ein anderer, der auf weniger leidvolle Kindheitserfahrungen zurückblickt.

Denkbar wäre auch, dass er sich – aus Angst vor einem erneuten Verlust – davor scheut, enge Bindungen einzugehen. Umgekehrt kann es jedoch auch sein, dass er unter allen Umständen Trennungen vermeidet und deshalb sogar an einer unbefriedigenden Partnerschaft festhält, die vielleicht schon längst hätte beendet werden müssen. Menschen, die in der frühen Kindheit den Verlust einer Bezugsperson erlebten, neigen dazu, an Personen und Dingen stark festzuhalten.

Nicht nur Erziehung und andere Umwelteinflüsse, sondern auch unsere spezifischen Charaktereigenschaften entscheiden darüber, wer wir sind und welche Beziehung wir zu unserer Umwelt entwickeln.

Mutlosigkeit durch lieblose Kindheit

Eine Frau, die ihre Kindheit in einem strengen und dominanten Elternhaus verlebt hat, in dem Begrenzungen, Bevormundungen und Abwertungen ihrer Person an der Tagesordnung waren, die kaum jemals das tun durfte, was anderen Gleichaltrigen erlaubt wurde, und die man nie nach ihrer Meinung, ihren Wünschen und Bedürfnissen fragte, hat nun große Schwierigkeiten, sich im Berufsleben zu behaupten.

Minderwertigkeitsgefühle plagen sie und verhindern, dass sie sich an größere Aufgaben wagt und offensiv ihre Interessen vertritt. Da sie in ihrer Kindheit immer wieder die Erfahrung machen musste, nicht die Anerkennung zu erlangen, derer sie bedurft hätte, um ein gesundes Selbstbewusstsein zu entwickeln, ist sie tief in ihrem Inneren davon überzeugt, dass es ihr auch jetzt nicht zusteht, erfolgreich zu sein.

Familie, Freunde und die Konventionen der Gesellschaft, in der wir leben, prägen unsere Wertvorstellungen. Diese vermittelt Geborgenheit und Einklang mit der Umwelt, kann aber auch die Entfaltung der eigenen Persönlichkeit massiv blockieren.

Selbstvertrauen durch kindgerechte Erziehung

Ganz anders die Frau, die erfolgreich Beruf und Mutterschaft in Einklang zu bringen weiß, und die praktisch vom ersten Tag ihres Lebens an durch ihre Eltern Ermutigung und Förderung erfahren hat. Auch ihre Kindheit war nicht frei von Kränkungen, Frustrationen und Konflikten. Doch hat ihre unmittelbare Umgebung es stets vermocht, ihr zu vermitteln, dass sie wichtig ist, dass sie, auch wenn man mit Einzelaktionen von ihr nicht einverstanden ist, als Person geliebt und geachtet wird. So konnte sie ein gesundes Selbstvertrauen entwickeln. Sie traut sich zu, auch schwierige Aufgaben zu meistern. Das Gefühl, erwünscht zu sein und geliebt zu werden, wird einem heranwachsenden Menschen bereits bei seiner Geburt vermittelt und im Kleinkindalter gefestigt.

Bestimmende Faktoren für unsere Lebensformeln

Dies sind nur einige Beispiele für die Vielzahl von Möglichkeiten, wie frühe Erlebnisse und Erfahrungen uns praktisch von den ersten Lebensmonaten an prägen und für die Zukunft wegweisend sind. Familie und Umwelt, Erziehung und Lernvorgänge werden dabei zu den bestimmenden Faktoren, die unser Weltbild prägen, auf die wir unsere Verhaltensmuster zurückführen und an denen wir uns bei der Suche nach unserem Platz in der Gesellschaft orientieren. Anders gesagt: sie sind das Grundkonzept für unsere Lebensformeln und Glaubens(grund)sätze, für unsere positiven und negativen Programmierungen. Einige davon helfen heute, uns im Hier und Jetzt zurecht zu finden und die täglichen Anforderungen zu bewältigen. Andere stehen uns dagegen im Weg, wenn es darum geht, unsere wahren Wünsche und Bedürfnisse zu erkennen und für uns wichtige Ziele zu erreichen.

In der Kindheit wird der Grundstein für all die Themen gelegt, die für uns später eine so wichtige Rolle spielen werden: Liebe, Partnerschaft und Familie, Beruf und Erfolg, Selbstbewusstsein und Selbstliebe, Macht und Ohnmacht.

Ein Kind, das schon in seiner frühen Jugend Wärme und Geborgenheit erfahren hat, begegnet dem Leben mit größerem Optimismus.

Familie – Schutzraum des Kindes

Wer wir sind, was wir fühlen und wie wir handeln wird also bereits in der Kindheit festgelegt. So möchte ein Kind zunächst nichts anderes, als von seinen Eltern akzeptiert, geliebt und bewundert zu werden. Dies ist buchstäblich eine Frage des Überlebens, denn allein von den Eltern hängt in den ersten Lebensjahren alles ab: Nahrung, Pflege, Zuwendung, das Leben selbst. Ihr Verhalten, ihr Miteinander, ihre Art zu kommunizieren, zu gestikulieren und Gefühle zu zeigen – all dies wird von dem Kind vorbehaltlos wahrgenommen und verinnerlicht. Erst im Schulalter beginnt in der Regel eine erste Relativierung der elterlichen Vorbildfunktion. Bis dahin übernimmt es Emotionen, Bewertungen und Verhaltensweisen ungefiltert und ohne sie zu hinterfragen.

Genauso wie Kinder, so haben auch Erwachsene das elementare Bedürfnis, dass ihnen ihre unmittelbare Umgebung Sicherheit und Geborgenheit vermittelt. Die Familie als Schutzraum – dieser Satz gilt nicht nur für Kinder, sondern auch für die Eltern.

Wenn das Kind irrt

Es kommt vor, dass ein Kind Irrtümern unterliegt, d. h., es interpretiert Begebenheiten falsch und speichert sie dennoch in seinem Bewusstsein. Aufgrund eines Missverständnisses richtet es sich etwa nach Grundsätzen, Geboten und Verboten, die die Eltern in Wahrheit gar nicht im Sinn hatten. Oder es bezieht ein einschneidendes Ereignis auf sich, ohne die näheren Zusammenhänge begreifen zu können. So kann es sein, dass kleine Kinder, deren Eltern sich scheiden lassen, meinen, ihr Ungehorsam habe den Vater oder die Mutter aus dem Haus getrieben. Wenn eine solche Fehldeutung von der Umgebung unbemerkt bleibt, kann dies fatale Folgen für die weitere Entwicklung des Kindes haben. Derartige Traumata lassen sich bei Erwachsenen in der Regel nur mit Hilfe eines Psychotherapeuten aufdecken und lindern.

Erinnern Sie sich ...

Halten Sie an dieser Stelle einmal kurz inne, und überlegen Sie sich, welche Lebensformeln und Glaubens-
grundsätze Sie gelernt haben. Machen Sie einen kleinen
Ausflug in die Vergangenheit. Vielleicht nehmen Sie
dafür ein Kinderfoto von sich zur Hand. Dieser junge
Mensch, den Sie da vor sich sehen, ist auch heute noch
in Ihnen. Was fällt Ihnen ein, wenn Sie das Bild betrachten? Haben Sie das Kind auf dem Foto lieb? An
welche Begebenheit erinnern Sie sich? Welche anderen
Bilder drängen sich auf?

... und wagen Sie eine erste Deutung

Es kann sein, dass Sie beim ersten Mal nicht sofort Zugang zu Ihrer Vergangenheit finden. Mit ein wenig
Übung dürfte es Ihnen jedoch gelingen, sich längst vergessene Erinnerungen und Gefühle wieder ins Gedächtnis zu rufen. Mit der Zeit können Sie noch einen
Schritt weitergehen:

▶ Welcher Mensch stand Ihnen als Kind besonders
nahe?

▶ Welche Kindheitserinnerungen wecken schmerzliche
Gefühle in Ihnen?

▶ An welche Ereignisse in Ihrer Kindheit denken Sie
auch heute noch gern zurück?

▶ Welche Wünsche und Ziele haben Sie für Ihre Zukunft als Jugendlicher gehabt?

▶ Ist es Ihnen gelungen, diese Wünsche und Ziele zu
verwirklichen?

▶ Wenn nein: Ruft diese Erkenntnis Bedauern in Ihnen
hervor?

▶ Woran könnte es gelegen haben, dass Ihr Leben eine
andere Richtung genommen hat?

Oft stellen sich so genannte Aha-Erlebnisse ein, wenn man sich Situationen aus seiner Kindheit vergegenwärtigt, und man stellt fest, dass die Folgen einer scheinbar unwichtigen Begebenheit noch Jahre später wirksam sind.

Das Kind in uns entdecken

Machen Sie sich bewusst, dass Sie zwei verschiedene Persönlichkeitsaspekte in sich haben: den Erwachsenen und das Kind. Ziel ist es, dass beide Teile wieder in Kontakt miteinander treten und von Ihnen als gleichwertige Bereiche anerkannt werden: Nur so entsteht das so wichtige Gefühl der Ganzheit, das die Grundlage für eine zufriedenere, selbstbewusstere und lebensbejahendere Einstellung ist.

Als Kind haben wir gelacht, geweint, waren ausgelassen, wenn wir etwas Schönes erlebt haben, und haben geschrien, wenn wir wütend waren. Je älter wir wurden, desto mehr wurde uns verdeutlicht, dass sich gewisse Dinge einfach nicht gehören.

Die meisten haben das Kind in sich lange Zeit vernachlässigt. Dabei könnte die wunderbare Fähigkeit des Kindes, Gefühle spontan und ohne Vorbehalt auszuleben, in vielen Situationen helfen, dass wir uns tatsächlich so verhalten, wie es gut und sinnvoll für uns ist. Stattdessen richten wir uns – meistens sogar unbewusst – nach dem, was man von uns erwartet.

Blockaden in der Gefühlswelt

Vielen Menschen wurde schon früh beigebracht, was »sich gehört und was nicht«. Man weint nicht vor anderen, sondern reißt sich zusammen; man lässt sich nicht gehen, sondern setzt den Verstand ein und handelt dem Alter entsprechend; man verliert sich nicht in Phantastereien, sondern sieht der Welt realistisch ins Auge. Diese und ähnliche Verhaltensmaßregeln haben wir möglicherweise von Kind an zu hören bekommen und allmählich verinnerlicht. Als wir dann älter wurden, sprachen wir schließlich kaum noch über Gefühle. Auf diese Weise ist eine Blockade in unserer Gefühlswelt entstanden. Und manche Erwachsenen haben den Kontakt zu ihrem Gefühlsleben mit der Zeit sogar ganz verloren – oft auch deshalb, weil freigesetzte Emotionen auch wunde Punkte aufdecken können, die lieber verdrängt werden.

Dem inneren Kind begegnen

Gefühle sind wichtige Ratgeber

Was immer bei Ihnen momentan in Ihrem Leben auf dem Prüfstand steht: Versuchen Sie, in Kontakt zu dem Kind in sich und damit zu Ihrer Gefühlswelt zu treten. Lassen Sie Ihre Gefühle zu wertvollen Ratgebern in Ihrem Leben werden. Hören Sie Ihrem »inneren Kind« zu, indem Sie Ihre eigenen Gedanken, die Ihnen spontan in den Sinn kommen, etwa, wenn Sie Ihr Kindheitsfoto betrachten, aufschreiben und sich dadurch bewusst machen. Diese Gedanken stehen für Gefühle, die Sie möglicherweise schon jahrelang unterdrückt haben. Denn so, wie man uns und unseren Emotionen in der Kindheit begegnet ist, so gehen wir inzwischen selbst häufig mit unseren Gefühlen um. »Reiß dich zusammen und sei vernünftig« haben Sie als Kind vielleicht immer wieder gehört – einen Satz, den Sie ersetzen sollten: »Wenn ich traurig oder wütend bin, erlaube ich es mir, diese Gefühle auszuleben.«

Wir können das Kind in uns auf unterschiedliche Weise betrachten: als Kind, das vom Erwachsenen angenommen und respektiert wird, oder als Kind, das kritisiert, abgelehnt und nicht beachtet wird.

Erwachsene können von Kindern viel lernen: Ausgelassene Freude, momentane Begeisterung und spontane Gefühlsäußerungen sind Balsam für die Seele.

»Okay sein« durch Transaktionsanalyse

Die Transaktionsanalyse (TA) wurde in den fünfziger Jahren von den amerikanischen Psychiatern Eric Berne und Thomas A. Harris entwickelt. Davon ausgehend, dass man sich in seinen Verhaltensweisen und Reaktionen auf seine Umwelt unbewusst an den Erfahrungen orientiert, die man als Kind gemacht hat, zielt die Therapie darauf ab, solche hemmenden »Transaktionen« aufzuspüren, zu analysieren und aufzulösen. Demgegenüber soll das eigenverantwortliche Denken, Fühlen und Handeln gestärkt werden. Dabei unterscheidet die Transaktionsanalyse drei »Ich-Zustände« der Persönlichkeit des Menschen, von denen einer je nach Lebenssituation besonders hervortritt.

● Kind-Ich-Zustand: Zum Kind-Ich gehören alle Wünsche und Verhaltensweisen, die spontan, ungezügelt, impulsiv, triebhaft, intuitiv sind. Dabei wird zwischen dem »freien Kind-Ich-Zustand« (konstruktiv, im positiven Sinn sozial angepasst, gefühlvoll, lebenslustig) und dem »angepassten Kind-Ich-Zustand« (destruktiv, überangepasst oder rebellisch, unzufrieden) unterschieden.

● Eltern-Ich-Zustand: Das Eltern-Ich steht für die Normen, Vorstellungen, Gebote, Verbote, Gefühle und Handlungen, die wir von unseren Eltern übernommen haben. In dieser Rolle denkt, fühlt und handelt man so, wie man es im Lauf seiner Entwicklung aufgenommen hat. Man unterscheidet zwischen dem kritischen (als konstruktiv kritische oder destruktiv überkritische Instanz) und dem fürsorglichen Eltern-Ich (konstruktiv versorgend oder destruktiv überfürsorglich).

Zu Beginn der Transaktionsanalyse schließt der Therapeut mit dem Klienten einen »Vertrag«: Hier werden die Ziele formuliert, die in der Therapie angestrebt werden. Die Therapie ist beendet, wenn beide Seiten meinen, dass die im Vertrag festgelegten Ziele erreicht wurden.

- Erwachsenen-Ich-Zustand: Das Erwachsenen-Ich in uns regt sich bereits im Kindesalter, wenn wir anfangen kritischer zu werden und die ersten Abgrenzungsversuche von den Eltern unternehmen. Es zielt darauf, sich gemäß seinen Wünschen und Vorstellungen zu entwickeln und lösungsorientiert zu handeln. Der Stärkung dieses Ich-Zustands gilt das besondere Augenmerk während der Therapie.

Schreiben Sie Ihr Drehbuch um

Transaktionsanalytiker nennen das Muster, an dem sich ein Mensch im Wesentlichen in seinem Verhalten orientiert, Skript (Drehbuch). Herauszufinden, um welche Art von Skript es sich handelt und warum es schädlich ist, steht im Mittelpunkt der Therapie. Der nächste Schritt besteht darin, das Skript umzuschreiben: Aus einem »Verlierer-Skript«, durch das sich der Betroffene bislang (unbewusst) Erfolg und Zufriedenheit versagt hat, wird ein »Gewinner-Skript»:
Er orientiert sich nun nicht mehr länger an (überholten) Anweisungen, Forderungen und Bewertungen seines Eltern- oder Kind-Ich, sondern er verfasst sein eigenes Drehbuch, das es ihm nun erlaubt, gefühlsbetont, verantwortungs- und selbstbewusst seine Ziele zu verwirklichen.

- Wenn wir auf bestimmte Ereignisse übermäßig wütend, niedergeschlagen oder ängstlich reagieren, kann es sein, dass wir unbewusst das Verhalten unserer Eltern imitieren. Es gilt also herauszufinden, welchem Skript man jeweils gerade folgt, um es dann so umzuschreiben, dass es unserem eigentlichen Wesen entspricht.

Zumeist in Gruppentherapien werden »Rollenspiele« arrangiert, um die einzelnen Transaktionen aufzudecken, in die der Klient seine Gesprächspartner unbewusst verwickelt. Durch anschließende Gespräche werden sie dem Betroffenen dann vor Augen geführt.

Fassen Sie einen Entschluss

Veränderungen lassen sich nicht über Nacht herbeiführen. Man braucht viel Geduld, bis sich erste konkrete Ergebnisse bemerkbar machen, und selbst wenn sich eine positive Entwicklung abzeichnet, sind Rückschläge nicht immer auszuschließen.

Welches »Drehbuch« wir für unser Leben auch verfasst haben: Wir haben jederzeit die Möglichkeit, es umzuschreiben! Jedes einzelne Kapitel lässt sich korrigieren, und zwar in Eigenregie. Voraussetzung ist, dass Sie die feste Absicht dazu haben und sich auch dann nicht beirren lassen, wenn Sie auf Widerstände stoßen – seien es jene, die sich in Ihrem Inneren regen, seien es solche, die von außen an Sie herangetragen werden.

Der psychologische Magnetismus

Wichtig ist, dass Sie sich mit den einzelnen Kapiteln Ihres Skripts vertraut machen und sich dann überlegen, ob es einen Zusammenhang geben könnte zwischen den negativen Inhalten Ihres Drehbuchs und den unguten Erfahrungen, die Ihnen bei der Verwirklichung Ihrer Ziele immer wieder »schicksalhaft« in die Quere gekommen sind. Die Psychologen nennen dieses Phänomen »psychologischen Magnetismus«.

Die eigene Psyche birgt zahlreiche unentdeckte Geheimnisse in sich, die unsere täglichen Entscheidungen beeinflussen, ohne dass wir uns dessen bewusst sind.

Gleiches zieht Gleiches an

Unbewusste Lebensformeln pflegen – positiv wie negativ – auf eine merkwürdige Art und Weise Ereignisse nach sich zu ziehen, die ihnen genau entsprechen! Wer unbewusst davon überzeugt ist, Erfolg stehe ihm nicht zu, wird eine berufliche Niederlage nach der anderen erleben. Wer meint, dass er nicht liebenswert ist, wird an einen Partner geraten, der ihn dominiert und ihm nicht genügend Achtung entgegenbringt. Wer seine Aggressionen unterdrückt, wird auf Menschen treffen, die auf ihn mit heftigen Gefühlsausbrüchen reagieren.

Negativerfahrung als Selbsterkenntnis

Es gibt also eine Reihe von Gesetzmäßigkeiten, die Sie zur Kenntnis nehmen sollten, um zu wissen, wo Sie im Leben stehen, welche Glaubenssätze Sie haben und wie Sie diese verändern können. In diesem Sinn ist jede Negativerfahrung immer auch ein Schlüssel zur Selbsterkenntnis und birgt somit die Chance zur dauerhaften Veränderung.

Wenn Sie glauben, Sie hätten durchaus eine positive Grundeinstellung, und Sie sich die negativen Erfahrungen in Ihrem Leben nicht erklären können, hat Ihr Unterbewusstsein mit Sicherheit Ihr positives Denken unterwandert und damit ein Gelingen vereitelt. In diesem Fall gilt es erst recht, sich den »blinden Flecken« seiner Seele zu stellen. Nicht selten kommen dabei verdrängte Ängste zutage. Gerade die tief verborgenen Unsicherheiten und Ängste sind es, die uns häufig einen Strich durch die Rechnung machen, die unsere Lebensenergie blockieren und uns auf die falsche Fährte lenken. Doch wie nimmt man Kontakt zu seinem Unterbewusstsein auf?

Die Welt in unserer Vorstellung ist die individuelle Realität, nach der wir leben und empfinden. Die Erforschung dieser subjektiven Wirklichkeit macht persönliche Veränderung und Entwicklung erst möglich.

Faktor X – das Unterbewusstsein

Die wichtigste Voraussetzung für positives Denken und Handeln ist, dass man die Wechselwirkungen zwischen Bewusstsein und Unterbewusstsein versteht, denn wer unterbewusst auf eine negative Einstellung gepolt ist, der kann nicht bewusst positiv denken. Es reicht also nicht aus, mit dem Verstand Veränderungen anzustreben, sondern auch das Unterbewusstsein muss in den Wandlungsprozess mit einbezogen werden.

Wie das Unterbewusstsein funktioniert

Alles, was wir tagtäglich bewusst erleben, aber auch das, was wir denken und wie wir unsere Gedanken in Sprache und konkretes Handeln umsetzen, findet seinen Widerhall im Unterbewusstsein bzw. hat seinen Ursprung in ihm.

So gesehen ist das Unterbewusstsein wie eine große Vorratskammer, in der all unsere Erinnerungen, Erfahrungen, Gedanken, Gefühle und Verhaltensmuster gespeichert sind. Solange unser Bewusstsein nicht den Befehl dazu gibt, wird nichts davon gelöscht. Das Unterbewusstsein ist rund um die Uhr aktiv. Wenn wir schlafen, manifestiert es sich durch Träume.

> **Jeder uns wichtige Gedanke wird ausnahmslos in unserem Unterbewusstsein gespeichert. Es handelt sich also um einen enorm großen Speicher. Das, was wir einmal gedacht haben, können wir durch die Erinnerung wieder aus ihm hervorholen.**

Die Spitze des Eisbergs

Um sich die beiden Bewusstseinsebenen bildhaft zu veranschaulichen, kann man sich einen Eisberg vorstellen, dessen größter Teil unsichtbar unterhalb der Wasseroberfläche liegt. Dabei stellt das Bewusstsein die sichtbare Spitze des Eisbergs dar, wohingegen das Unterbewusstsein der Teil des Eisbergs ist, der sich unter Wasser befindet.

Phantasie, Intuition und Inspiration

Während die Fähigkeit zum logischen, rationalen, differenzierenden Denken dem Bewusstsein zugeordnet wird, steht das Unterbewusstsein für die kreativen Kräfte, wie Phantasie, Intuition und Inspiration, die sich etwa durch plötzliche Einfälle oder durch Träume vermitteln. Dabei ist das Unterbewusstsein ständig abrufbereit – eine Fähigkeit, die wir uns häufig zunutze machen, etwa, wenn wir blitzschnell Entscheidungen treffen oder auf häufig wiederkehrende Situationen reagieren, ohne dass wir vorher viel überlegen müssen.

▶ Sie kennen bestimmt das Phänomen der »inneren Uhr«: Weil Sie am nächsten Tag einen wichtigen Termin haben, gehen Sie mit dem Gedanken ins Bett, am folgenden Morgen zu einer bestimmten Uhrzeit unbedingt aufwachen zu müssen. Prompt werden Sie pünktlich kurz vor dem Klingeln des Weckers wach – Ihr Unterbewusstsein hat das verwirklicht, worauf Sie Ihre Aufmerksamkeit gelenkt haben!

Fehlleistungen durch das Unterbewusstsein

So hilfreich das Unterbewusstsein bei spontanen Reaktionen, inspirierenden Ideen und intuitiven Eingebungen ist, so kann es uns jedoch auch zu »Fehlleistungen« verleiten. Da hier auch all die unerwünschten, belastenden und verbotenen Erlebnisse und Gefühle gespeichert sind, die aus dem Bewusstsein gewissermaßen ins Unterbewusstsein versenkt (»verdrängt«) wurden, kann es sein, dass das Unterbewusstsein uns zu Verhaltensweisen animiert, die der aktuellen Situation oder dem Ereignis nicht angemessen sind. Solche (Über-)Reaktionen sind dann oftmals nicht nur für Außenstehende, sondern auch für einen selbst unverständlich.

Weil die Inhalte des Unterbewusstseins unserem Bewusstsein nicht oder jedenfalls nicht unmittelbar zugänglich sind, werden wir anfällig für »Fehlleistungen«. Achten Sie darauf, in welchen Situationen Sie das Gefühl haben, falsch reagiert zu haben.

Mit dem Unterbewusstsein in Kontakt treten

Nicht nur wegen seines quantitativen Übergewichts kommt dem Unterbewusstsein also eine so große Bedeutung zu. Vielmehr sind in ihm alle seelischen Vorgänge und Gedanken enthalten, mit denen wir von klein an tagtäglich konfrontiert wurden und aus denen wir schließlich verschiedene Lebensformeln und Glaubenssätze abgeleitet haben. Da diese Abläufe unterhalb unserer Bewusstseinsschwelle liegen und somit der rationalen Erfassung und Kontrollierbarkeit entzogen sind, ist das Unterbewusstsein demnach so etwas wie der große unbekannte Faktor X. Vor allem Menschen, die mit ihrem Leben nicht zufrieden sind, sollten versuchen, Zugang zu ihrem Unterbewusstsein zu finden und es, soweit dies möglich ist, zu entschlüsseln.

Nicht alle Lebensformeln, die in unserem Unterbewusstsein gespeichert sind, haben negative Auswirkungen auf unser Denken und Handeln.

Erforschen Sie sich selbst: Gibt es bestimmte Träume, die immer wieder kommen oder an die Sie sich besonders gut erinnern können?

Finden Sie den Schlüssel zur Veränderung

Erst wenn wir in der Lage sind, die negativen Glaubenssätze, die in unserem Unterbewusstsein enthalten sind, zu erkennen und zu verstehen, wird es uns gelingen, notwendige Veränderungen einzuleiten. Anders gesagt: Erst, wenn Sie Ihre Einstellung zu sich und Ihrer Umwelt im Unterbewusstsein ändern, können Sie auch auf der Bewusstseinsebene ein anderer Mensch werden und dadurch ein freieres Leben führen.

Trainieren Sie Ihr Traumbewusstsein

Eine Möglichkeit, sich mit seinem Unterbewusstsein ein wenig vertrauter zu machen, ist die so genannte Traumarbeit. Tatsächlich ist der Traum ein ganzheitliches Erlebnis, an dem nicht nur Körper, Kopf und Sinne, sondern eben auch das Unterbewusstsein beteiligt sind. Träume sagen uns immer etwas über uns und unsere derzeitige Verfassung, worauf man achten sollte, ob und wie man etwas verändern oder was man aus einem anderen Blickwinkel betrachten könnte.

Im Traum sind wir sogar in der Lage, neue positive Lebensformeln zu finden und uns von alten, überholten Denk- und Verhaltensmustern zu verabschieden, die unserer Selbstentfaltung und inneren Freiheit bis dahin im Weg gestanden haben. Wir müssen nur genau hinhören, was uns der Traum sagt.

Seien Sie offen für Ihre Träume

Neben der Bereitschaft, seinen Träumen mehr Aufmerksamkeit zu schenken, ist es wichtig, offen zu sein für die Botschaften und die darin enthaltenen Gefühle, die häufig auf den ersten Blick nicht immer sofort verständlich sind. Denn während die Sprache des Tages-

Im Traum begegnen wir uns auf einer anderen Ebene des Bewusstseins. Während wir uns im Nachtbewusstsein befinden, denken wir bildhaft konkret, statt wie sonst sprachlich abstrakt zu denken.

bewusstseins meistens abstrakt ist und auf logischem, rationalem Denken basiert, ist das Traumbewusstsein weitgehend bild- und symbolhaft, intuitiv und gefühlsbetont. Man begibt sich also auf ein ungewohntes Terrain, wenn man sich daran macht, seine Träume zu betrachten und zu deuten.

Traumarbeit kann eine wirksame Methode sein, unbewusste negative Lebensformeln zu entschlüsseln und neu zu formulieren. Voraussetzung ist, Sie tun Ihre Träume nicht als Hirngespinste ab, sondern bringen Ihren nächtlichen Traumbotschaften ein echtes Interesse entgegen.

Die Angst vor dem Unbekannten

Nicht selten ist es sogar das Unterbewusstsein selbst, das einen Zugang zu den Traumthemen erst einmal verwehrt: Die zumeist unbewusste Angst vor dem Unbekannten und davor, dass sich tief in unserer Seele irgendwelche »dämonischen« Kräfte verborgen halten könnten, lässt manche Menschen instinktiv davor zurückschrecken, über die Traumarbeit auch einen Blick in ihr Inneres zu wagen. Diese Scheu ist verständlich: Tatsächlich beleuchten Träume nicht nur positive, sondern auch negative Eigenschaften unserer Persönlichkeit, die wir aus guten Gründen bislang vernachlässigt haben.

Konfliktbewältigung mit Hilfe von Träumen

Dennoch: Träume helfen bei der Verarbeitung von Tageseindrücken, aber auch von tief sitzenden Ängsten, Zweifeln und Sorgen. Auch lassen sie uns Stresssituationen, Probleme und Konflikte besser bewältigen. Indem sie uns symbolisch und bildhaft unsere Gefühle und unser Verhalten erläutern, helfen sie uns dabei, unser Fühlen, Denken und Handeln besser zu verstehen und uns physisch und psychisch gesund zu halten. In unseren Träumen sind wir zumeist ehrlicher, mutiger, erfinderischer und gefühlsorientierter als während des Tages. Und genau dies könnte der erste Schritt zu einer Veränderung sein.

Der kreative Prozess von Traumbotschaften

Die positiven Botschaften eines Traums entwickeln bereits ihre Wirkung, wenn Sie sie durch die Traumarbeit ins Tagesbewusstsein überführen. So können negative Denk- und Verhaltensmuster bewusst gemacht und allmählich verändert werden.

Das Nachtbewusstsein schulen

Nicht jeder erinnert sich am nächsten Morgen noch an seinen Traum. Und wenn doch, dann sind es oftmals nur Erinnerungsfetzen, die uns im Gedächtnis geblieben sind. Ein Grund dafür ist, dass wir es gewohnt sind, uns ganz auf unser Tagesbewusstsein zu konzentrieren. Nur wenige betrachten das Nachtbewusstsein als gleichberechtigte Bewusstseinsebene und haben deshalb große Schwierigkeiten, es überhaupt wahrzunehmen.

Verbessern Sie Ihre Merkfähigkeit

Man kann einiges tun, um die eigene Merkfähigkeit zu verbessern. Ein Versuch lohnt sich in jedem Fall. Denn wenn wir lernen, unsere Traumwelten als eigenständige Bereiche unseres Unterbewusstseins anzuerkennen, wenn wir lernen, ihre Inhalte zu deuten, können wir auch ein besseres Verständnis für uns selbst entwickeln. Dies ist die Voraussetzung für ein langfristig verbessertes Selbstwertgefühl und für den Aufbau von mehr Selbstvertrauen.

Traumarbeit – ein Weg zur Selbsterkenntnis

Vorausgesetzt, Sie nehmen Ihre Träume von nun an wirklich ernst, können folgende Anregungen Ihnen dabei helfen, über die Traumarbeit zu mehr Selbsterkenntnis zu gelangen:

Begeben Sie sich ganz bewusst ins Reich der Träume. Versuchen Sie, noch bevor Sie todmüde sind, ins Bett zu gehen. Spüren Sie die Entspannung Ihres Körpers, und seien Sie sich Ihrer letzten Gedanken und Gefühle dieses Tages voll bewusst. Je bewusster Sie einschlafen, desto deutlicher wird die Erinnerung an Ihre Träume sein.

> ▸ Fördern Sie Ihr Traumbewusstsein und damit Ihr Erinnerungsvermögen, indem Sie Ihren Träumen ab sofort ein größeres Interesse entgegenbringen! Sprechen Sie jeden Abend vor dem Einschlafen den Satz: »Morgen will ich mich an meine Träume erinnern.«

> ▸ Achten Sie auf Ihr Gefühl, wenn Sie erwachen: Fühlen Sie sich beschwingt oder niedergeschlagen? Ängstlich oder aggressiv? Gleichgültig oder aufgeregt?

> ▸ Für die kontinuierliche Traumarbeit notieren Sie sich Ihre Träume am besten in einem Tagebuch. Vor allem in der Anfangszeit sollten Sie möglichst sofort nach dem Aufstehen alles notieren, was Ihnen von Ihrem Traum in Erinnerung geblieben ist. Es genügen bereits Stichworte. Je später am Tag Sie damit beginnen, desto lückenhafter wird Ihre Erinnerung sein.

> ▸ Erwähnen und beschreiben Sie die einzelnen Details des Traumgeschehens so genau wie möglich. Ob Personen, Orte, Zeitangaben, Gebäude, Landschaften, Handlungen, Gespräche, Situationen, Stimmungen, Farben, Zahlen, Symbole, Tiere, Pflanzen oder unbekannte Wesen – auch wenn sie auf den ersten Blick nicht immer in einem logischen Zusammenhang zu stehen scheinen, sollte dennoch jede Einzelheit vermerkt werden.

> ▸ Notieren Sie sich, ob der Traum ein Thema behandelt, das Ihnen schon aus früheren Träumen bekannt ist.

Es kommt vor, dass Träume auch Situationen und Ereignisse voraussagen. Doch ob es sich tatsächlich um einen so genannten vorausweisenden Traum handelt, kann man immer erst im Nachhinein feststellen. Solche Träume kommen jedoch nur sehr selten vor.

Assoziative Traumdeutung

Für die Deutung Ihres Traums arbeiten Sie am besten zunächst assoziativ: Was fällt Ihnen spontan zu Ihrem Traum ein? Notieren Sie Ihre Einfälle, Erinnerungen, Vermutungen und Gedanken, ohne lange zu überlegen. Achten Sie dabei auf die Gefühle und Empfindungen, die Sie während der Traumdeutung haben, und notieren Sie diese ebensfalls.

Analytische Traumdeutung

Nachdem Sie Ihre spontanen Eindrücke niedergeschrieben haben, können Sie daran gehen, eine erste Analyse zu wagen. Fragen Sie sich: Welchen Bezug hat der Traum zum aktuellen Tagesgeschehen? Oder verweist er eher auf längst vergessene Situationen und Ereignisse in Ihrer Vergangenheit? Sind es vertraute oder unbekannte Personen, die am Traumgeschehen beteiligt waren? In welcher Situation befand sich das Traum-Ich? Wie endete der Traum? Mit einem Happyend oder einer Katastrophe? Oder brach er einfach mitten im Geschehen ab?

Traumsymbole deuten und verstehen

Zu Dingen, die Ihnen ganz und gar unverständlich sind und mit denen Sie beim besten Willen nichts anfangen können, empfiehlt sich ein Blick in einschlägige Traumsymbollexika. Allerdings sollte man die darin enthaltenen Deutungsvorschläge niemals wörtlich für die eigenen Bilder und Symbole heranziehen, sondern sie immer nur als Anregung verstehen.

Bedenken Sie immer: Das gleiche Traumsymbol kann für verschiedene Personen ganz unterschiedliche Bedeutungen besitzen. Hinzu kommt, dass ein Traumsymbol niemals eindeutig ist, sondern immer auf mehrere Bedeutungen verweist.

In manchen Kulturen wird auf die Traumdeutung größten Wert gelegt. Falls Sie ein Traumsymbollexikon aus einem anderen Kulturkreis als dem Ihrem benutzen, sollten Sie diese Deutungen nicht für sich selbst anwenden. Allenfalls mag es spannend sein zu erfahren, welch unterschiedliche Bedeutung Tiere oder Ereignisse für andere Völker haben können.

> **Machen Sie sich frei von festgelegten Deutungsmustern, wie sie etwa in der einschlägigen Literatur immer wieder zu finden sind. Versuchen Sie stattdessen, so unbefangen und spontan wie möglich die Botschaften Ihrer Träume zu entschlüsseln.**

Blockierte Lebensenergie

Im letzten Kapitel wurde bereits deutlich, dass vielfältige Gründe eine Rolle spielen können, weshalb unsere Einstellung gegenüber unserem Leben eher negativ als positiv ist: prägende Kindheitserlebnisse, der Hang, Probleme und Konflikte überzubewerten oder zu verdrängen, die Vernachlässigung unserer Gefühlswelt, negative Lebensformeln und Glaubenssätze, die in unserem Unterbewusstsein gespeichert sind und verhindern, dass man ausgeglichen, erfolgreich und zufrieden ist. So unterschiedlich diese Probleme sein können, sie ziehen immer eines nach sich: Sie blockieren unsere Lebensenergie.

Unfreiheit durch negative Glaubenssätze

Schon bei der Frage, wie Lebensformeln entstehen (siehe Seite 14ff.), klang an, dass Familie und Umwelt einen großen Einfluss darauf haben, an welchen – unbewussten – Grundsätzen man sich in seiner Lebensplanung und -führung orientiert und welche Verhaltensmuster man entwickelt, um die täglichen Anforderungen und größeren Aufgaben des Lebens zu bewältigen. Gut so für denjenigen, bei dem seine erlernten Lebensformeln im Wesentlichen mit seinen eigenen Vorhaben und Zielen übereinstimmen. Ihm ist es vergönnt, ein selbst bestimmtes Leben zu führen, das es ihm erlaubt, mit sich und der Umwelt im Einklang zu stehen. Doch was ist, wenn man plötzlich feststellen muss, dass das, was man jahrelang getan hat, etwas ganz anderes ist, als das, was man sich einst für seine Zukunft erhofft hatte?

Negative Glaubenssätze fangen häufig mit »Ich muss« oder »Ich soll« an. Dies macht deutlich, dass nicht wirklich wir es sind, die die Vorgaben, nach denen wir leben, selbst formuliert haben. Denn müssen muss man eigentlich gar nichts.

Gerädert? Eingeengt? Von allen Seiten unter Druck? Dagegen kann man sich aber auch wehren!

Fremdbestimmung durch das soziale Umfeld

Von Kindheit an sind wir es gewohnt, uns in unserem Verhalten an anderen zu orientieren, in uns gesetzte Erwartungen zu erfüllen und den Geboten, Normen und Werten zu entsprechen, wie sie uns – häufig im Namen der Gesellschaft – von unserem sozialen Umfeld vermittelt wurden. Vieles davon ist sinnvoll: Zu lernen, dass man nicht stehlen, betrügen und töten soll, gehört zum Fundament einer demokratischen Gesellschaftsordnung, ohne das schon bald überall Anarchie und Chaos herrschen würde. Es geht auch gar nicht so sehr darum, die einzelnen ethischen Verhaltensregeln und Vorgaben als solche infrage zu stellen, sondern zu prüfen, ob gewisse gesellschaftliche Konventionen für einen selbst gut sind.

Das soziale Umfeld und insbesondere unsere Familie und Freunde prägen unseren Wertekanon, der uns meistens das ganze Leben über begleitet. Letztlich muss jedoch jeder für sich selbst entscheiden, ob er diesen Vorgaben folgen will, oder ob er nicht lieber seine eigenen Werte definiert.

Wenn wir aus dem Lot geraten

Stehen die anerzogenen Werte und Verhaltenskodexe nicht oder nur teilweise im Einklang mit unseren eigentlichen Fähigkeiten und Neigungen, Wünschen und Bedürfnissen, verlieren wir unser inneres Gleichgewicht: Wir lassen uns von vermeintlich sinnvollen Zielen auf einen Weg führen, der uns nicht gemäß ist – ein Zustand, der auf Dauer nur Unzufriedenheit, Krankheit und Leid verursacht. Da wir uns unserer fremdbestimmten Lebensweise in der Regel nicht bewusst sind, sehen wir auch keine Möglichkeit, dem Dilemma des So-sein-Müssens, aber nicht So-sein-Wollens auf die Spur zu kommen. Anstatt darüber nachzudenken, richten wir unsere ganze Aufmerksamkeit lieber darauf, wie wir weiterhin den täglichen Anforderungen genügen können – auch wenn uns dies eigentlich zunehmend schwer fällt.

Eigene Identität entwickeln

Ist es das, was ich wollte?

Stellen Sie sich folgende Fragen, und versuchen Sie, diese so ehrlich wie möglich zu beantworten:
▶ Lebe ich so, wie ich es mir in jungen Jahren gewünscht habe? Oder lebe ich so, wie meine Eltern, Lehrer, Erzieher und die Gesellschaft es von mir erwarten?
▶ Sind die Ziele, die ich verfolge, meine eigenen?
▶ Ist es für mich wichtig, was andere über mich und das, was ich tue, denken?
▶ Sind die Werte, an denen ich mich orientiere, von mir selbst definiert oder von anderen?
▶ Welche Ängste plagen mich? Hindern sie mich daran, so zu leben, wie ich eigentlich leben möchte?
▶ Welche (negativen) Gefühle stellen sich ein, wenn andere mich kritisieren?
▶ Passe ich mich an, weil ich Angst habe, sonst nicht mehr geliebt zu werden?

Ich muss gar nichts tun

»Ich muss« oder »Ich soll« – achten Sie einmal darauf, wie häufig Sie Ihre Sätze auf diese Weise beginnen. Abgesehen davon, dass sie immer Stress bedeuten, verbirgt sich dahinter möglicherweise eine Lebensformel, die fatale Folgen für Sie haben kann: Nicht Sie scheinen zu bestimmen, was Sie tun und wie Sie es tun, sondern andere! Der erste Schritt zu einem zufriedeneren, freieren und selbst bestimmten Leben ist, sich klar zu machen, dass Ihr Leben allein Ihnen gehört. Vergegenwärtigen Sie sich: Sie »müssen« gar nichts tun. Ihre Wünsche und Ziele sind der Maßstab und nicht die der anderen.
Sprechen Sie sich Mut zu, und sagen Sie sich mehrmals am Tag laut oder auch für sich: »Was ich tun möchte, das kann ich auch tun.«

Wenn Sie tief in Ihrem Inneren mit gewissen gesellschaftlichen Konventionen nicht einverstanden sind, sollten Sie genau überlegen, ob es nicht möglich ist, sich von ihnen unabhängig zu machen.

Der erste Schritt zur Selbstbestimmung

Wenn Sie das Gefühl haben, dass Sie Ihre eigenen Vorstellungen bisher vernachlässigt haben, dann fangen Sie jetzt sofort damit an, die Dinge zu tun, die Sie schon immer tun wollten.

Nehmen Sie sich jeden Tag ein wenig Zeit für sich, um nur das zu tun, was Ihnen gut tut. Wenn Sie erst einmal ein wenig geübter darin sind, in sich hineinzuhorchen und gelernt haben, das, was Sie wirklich wollen, in die Tat umzusetzen, werden Sie sicherlich schon bald den Mut und die Kraft in sich spüren, auch größere Pläne zu verwirklichen – sogar Dinge, die Sie sich bislang vielleicht nicht zugetraut haben.

Es gibt auch Situationen und Ereignisse, die wir neutral bewerten. Doch diese nehmen wir in unserem Alltag kaum wahr, d. h., sie rufen keine bestimmten Gefühle in uns wach.

Urteile und Verurteilungen

Haben Sie sich schon einmal vergegenwärtigt, dass Sie alles, was Ihnen begegnet, automatisch einer Bewertung unterziehen? Ob Menschen (uns selbst eingeschlossen), Situationen, Ereignisse, Worte, Gesten, Gegenstände – sobald wir etwas wahrnehmen oder mit einem anderen in Kontrakt treten, fangen wir unwillkürlich an, es oder ihm zu be- oder verurteilen. Dabei stimmen wir häufig unbewusst und ohne unser Urteil näher zu hinterfragen, unser Verhalten darauf ab. Dies hat wiederum absehbare Folgen, die uns in unserem Wertekodex bestätigen.

Vor Bewertungen ist niemand gefeit

Die Bewertung, ob etwas gut oder weniger gut ist, haben wir bereits in der Kindheit von den Eltern und der Umwelt gelernt. Diesen Wertekatalog haben wir mit der Zeit so sehr verinnerlicht, dass er uns gar nicht mehr bewusst ist. Und alles, was in unserem Unterbewusstsein aktiviert wird, löst Gefühle aus.

Wertungen hinterfragen

Vorurteile sind negative Glaubenssätze

Je nachdem, wie man über materielle Werte, Sexualität, Religion, Bildung, Politik, andere Kulturen oder Sonstiges denkt, werden in einem bestimmte Gefühle geweckt. Habt man z. B. gelernt, dass ein Sozialhilfeempfänger selbst schuld an seiner Armut ist, wird man Menschen, die nicht genug Geld haben, um selbst für ihren Lebensunterhalt zu sorgen, mit Vorurteilen begegnen und ihnen sogar aus dem Weg gehen, weil man mit ihnen nichts zu tun haben will. So wie den Sozialhilfeempfänger, so versuchen wir nach Möglichkeit auch alles andere von uns fernzuhalten, was von uns negativ bewertet wird. Denn Verurteilungen und negative Bewertungen rufen unweigerlich negative Gefühle in uns wach, Empfindungen, die wir am liebsten gar nicht erst aufkommen lassen wollen.

So wie negative Bewertungen in uns unangenehme Gefühle wecken, so rufen positive Bewertungen freudige Gefühle in uns wach. Das bedeutet jedoch noch lange nicht, dass diese Bewertungen gut für uns sein müssen.

Wer sich selbst nicht anerkennt, ist ständig auf den Beifall von anderen angewiesen. Man kann es aber nie allen recht machen, deshalb finden Sie heraus, was für Sie das Beste ist.

Durch negative Bewertungen Ängste schüren

Abgesehen davon, dass wir mit unseren Moralvorstellungen anderen großes Unrecht antun können, sind viele von diesen angelernten Glaubenssätzen und die sich daraus ergebende Bewertung der Dinge auch für uns selbst nicht gut: Sie engen uns ein, behindern uns in unserer Persönlichkeitsentfaltung und machen uns unfrei. Und schließlich rufen sie Ängste vor der Meinung anderer in uns hervor. Viele fürchten sich davor, kritisiert, verhöhnt oder abgelehnt zu werden.

Zugleich fördern negative Glaubenssätze und (unangemessene) Bewertungen Versagensängste: Wenn wir dieser oder jener Erwartung nicht entsprechen, sind wir schwach und nicht liebenswert. Um von anderen anerkannt zu werden, gehen manche Menschen sogar so weit, alles zu verleugnen, was ihnen im Leben eigentlich wichtig wäre.

Viele Menschen glauben, es sei für ihr Glück unerlässlich, ihren materiellen Besitz möglichst durch viele Güter zu vergrößern. Ein großer Irrtum: Was nutzt dies alles, wenn man schwer erkrankt ist oder gerade den Tod eines geliebten Menschen verkraften muss?

Versagensängste durch negative Glaubenssätze

Vor allem die Angst davor zu versagen – in welchen Bereichen auch immer –, blockiert die Lebensenergie: Die Lebensfreude ist gedämpft und die Erlebnis- und Genussfähigkeit massiv eingeschränkt. Diese Angst hindert die Betroffenen daran, Ziele zu erreichen und der Mensch zu sein, der sie sein möchten. Dabei geht es häufig nur darum, sich vom Urteil der anderen unabhängig zu machen. Menschen, die Sie wirklich schätzen, tun dies auch dann, wenn Sie mit sich im Einklang leben. Wer hat eigentlich das Recht, Erfolgskriterien und Verhaltenskodexe aufzustellen, nach denen Sie leben sollen? Nur Sie selbst kennen Ihre Fähigkeiten und Bedürfnisse, also können auch nur Sie selbst entscheiden, was für Ihr Leben maßgeblich ist.

Negative Bewertungen erkennen ...

Ohne die von unserem sozialen Umfeld übernommenen Bewertungskategorien würden viele von uns wesentlich weniger Ängste haben und damit ungleich zufriedener, erfolgreicher und ausgeglichener leben können. Alle Moralvorstellungen haben wir einmal gelernt. Und alles, was wir gelernt haben, können wir – leider oder zum Glück – auch wieder verlernen.

Da unsere Gedanken frei sind, hat jeder von uns jederzeit die Möglichkeit, eine neue Bewertung der Dinge vorzunehmen. Viele angelernte Bewertungen haben in unserem jetzigen Leben keinen Nutzen mehr.

... und verändern

Negative Bewertungen begrenzen unseren Lebensraum und verhindern, dass wir die zahlreichen Möglichkeiten erkennen, die wir haben, um so zu leben, wie es unserem Wesen entspricht.

▶ Machen Sie von nun ab Ihr eigenes Urteil zum Maßstab der Dinge.

▶ Denken und handeln Sie nur so, wie Sie und nicht wie die anderen es für richtig halten.

▶ Setzen Sie sich Ziele, die Ihren Wünschen und Bedürfnissen, Neigungen und Fähigkeiten entsprechen.

▶ Stellen Sie sich Ihren Ängsten, und setzen Sie sich mit ihnen auseinander.

▶ Gehen Sie durch Ihre Ängste hindurch, und lassen Sie sie dann los.

▶ Schließen Sie einen schriftlichen Vertrag mit sich selbst, und halten Sie darin im Einzelnen fest, was Sie bis wann konkret an Ihrem Leben verändern möchten. Allein Ihre positiven Glaubenssätze sollten Ihr Denken und Handeln künftig bestimmen.

Sobald Sie erkannt haben, dass Sie die Welt durch Ihre eigene Brille betrachten, wird es leichter, die eigenen Bewertungen als solche zu erkennen. Was Sie erleben, beruht auf Ihrer Wahrnehmung und nicht unbedingt auf der tatsächlichen Wirklichkeit.

Nicht den Mut verlieren

Setzen Sie sich nicht selbst unter Druck, wenn Ihnen die Veränderungen nicht auf Anhieb gelingen sollten. Jeder Fortschritt braucht seine Zeit und lässt sich nur in den seltensten Fällen über Nacht herbeiführen. Zumal es leider nicht genügt, wenn wir einmal den Gedanken gefasst haben, dass sich etwas ändern muss. Vor allem, wenn Sie eine dauerhafte Veränderung in Ihrem Leben anstreben, ist es notwendig, die positiven Gedanken immer wieder zu erneuern. Denn es gilt, das Unterbewusstsein zu erreichen und die neuen Botschaften dort zu verankern bzw. alte zu löschen.

Langfristige Veränderungen erfordern nicht nur eine gehörige Portion Geduld, sondern auch Zuversicht und Beharrlichkeit.

Neue Ziele setzen

Das Wichtigste ist, dass Sie sich klar darüber werden, welche neuen Ziele Sie sich setzen, und welche Sie aufgeben, um ein selbst bestimmtes, freieres Leben führen zu können. Mit der Zeit wird es Ihnen dann gelingen, Ihr Bewusstsein zu trainieren und Schritt für Schritt die notwendigen Veränderungen einzuleiten.

Merksätze für ein Leben in Freiheit

Sagen Sie sich mehrmals am Tag laut oder auch für sich folgende Sätze, oder schreiben Sie sie auf einen Zettel, den Sie sich z. B. an den Badezimmerspiegel hängen:

- »Mein Ziel ist klar, und ich erreiche es.«
- »Ich habe das Recht, ich selbst zu sein, und überlasse andere liebevoll ihren eigenen Lektionen.«
- »Ich bin stark und voller Vertrauen in meine Zukunft.«
- »Ich bin in meiner Mitte, ruhig und ausgeglichen.«
- »Ich bin die Macht und Autorität in meinem Leben.«

Unbewusste Schuldgefühle

Eine Variante der negativen Glaubenssätze, die ebenfalls erheblich unsere Lebensenergie blockieren kann, sind unbewusste Schuldgefühle. Hier soll nicht von angemessenen Schuldgefühlen bei einem wirklichen Fehlverhalten die Rede sein. Vielmehr geht es um all die vermeintlichen Vergehen, die wir an anderen begangen haben, obwohl wir eigentlich nur unsere eigenen, angemessenen Ziele verfolgt haben.

Wie Schuldgefühle entstehen

Tief sitzende Schuldgefühle entstehen fast immer in der Kindheit. Manchmal werden sie von Eltern und Geschwistern geschürt. Ebenso kann es sein, dass das Kind dem Irrtum erlegen ist, für etwas verantwortlich zu sein, das in Wahrheit jedoch gar nichts mit ihm zu tun hat. Wenn ein Kind z. B. spürt, dass die Eltern chronisch unglücklich sind, ein Zustand, worunter auch das Kind sehr leidet, beginnt es irgendwann zu glauben, es selbst sei der Grund für die seelischen Nöte der Eltern.

Wenn die Eltern sich an ihr Kind klammern und dessen Abhängigkeit brauchen, kann dessen verständlicher Wunsch nach Unabhängigkeit zum vermeintlichen Verbrechen werden.

Ein Kind kann sich für jede Art von Familiendrama, wie z. B. Tod, Scheidung, Krankheit oder Alkoholismus, verantwortlich fühlen. Dann meint es, sein Ungehorsam oder seine bösen Gedanken hätten diese Ereignisse ausgelöst. Diese unbewusste Schuldzuweisung geht häufig mit einer Neigung zur Selbstbestrafung einher – womit ein ausgesprochen fatales Verhaltensmuster entsteht, das das künftige Leben massiv beeinträchtigen kann. Daher ist es notwendig, dass eine Bezugsperson dem Kind erklärt, dass es trotzdem geliebt wird. Erwachsene sollten während einer Trennungsphase oder in Krisensituationen das Kind nicht zum Spielball ihrer eigenen verletzten Gefühle machen.

Du bist böse!

Wenn ein Kind immer wieder von seinen Eltern zu hören bekommt: »Du bist schuld, dass ich mich schlecht fühle« oder »Du bist zu nichts zu gebrauchen«, wird es diese Aussagen für wahr halten und sie verinnerlichen.

Ähnliche Schuldgefühle können entstehen, wenn Kindern von ihrer Umgebung immer wieder vermittelt wurde, dass sie sich nicht so verhalten, wie man es von ihnen erwartet. Indirekte oder direkte Botschaften wie Liebesentzug bei vermeintlichem Fehlverhalten oder Sätze wie: »Warum machst du niemals etwas richtig« oder »Wieso bist du immer so faul« führen dann dazu, dass sich das Kind schlecht, nutzlos, dumm, undiszipliniert und wertlos fühlt. Und diese negativen Glaubenssätze sind es schließlich, aufgrund derer es in seinem künftigen Leben negativ denken und handeln wird und damit den Grundstein zur Selbstsabotage legt. Eltern sollten also darauf achten, ihr Kind in angemessener Weise zu loben. Kinder sind auch für Kritik oder mahnende Hinweise empfänglich, wenn diese liebevoll ausgesprochen werden.

Folgen Sie Ihren Instinkten! Jedes Lebewesen hat das Bedürfnis nach Liebe.

Selbstsabotage kann viele Gesichter haben

Es gibt die unterschiedlichsten Arten von Selbstsabotage, und alle haben zur Folge, dass man nicht das erreicht, was man erreichen will: den Karrieresprung, materiellen Wohlstand, eine glückliche Partnerschaft, Gesundheit, eine kinderreiche Familie. Selbstzerstörerische Überzeugungen wirken wie ein Fluch: Ihre Macht ist so groß, dass die negative Voraussage Wirklichkeit werden muss. Dann geschehen genau die Missgeschicke und unglückseligen Ereignisse, die man auf jeden Fall zu verhindern trachtete. Man verfehlt seine Ziele, traut seinen eigenen natürlichen Impulsen nicht – was man auch tut, man scheint dem bösen Fluch niemals zu entgehen. In Wirklichkeit ist der Fluch die selbst auferlegte Strafe für ein vermeintlich begangenes Vergehen, d. h., wir selbst sorgen – unbewusst – dafür, dass das, was wir am meisten fürchten, auch tatsächlich eintrifft.

Falsche Partnerwahl – ein Fall von Selbstsabotage

Wenn ein kleines Mädchen immer wieder für längere Zeit allein gelassen wurde, wird es früher oder später denken, es sei es nicht wert, dass man ihm den Kummer des Verlassenseins erspart. Wenn diese Person dann erwachsen geworden ist, wird sie sich genau davor am meisten fürchten: verlassen und allein gelassen zu werden. Dennoch lässt sie sich immer wieder auf Partner ein, die sie bei der nächsten Gelegenheit im Stich lassen. Ihre unbewusste Überzeugung, es nicht anders verdient zu haben, verhindert, dass sie ihr Ziel, einen zuverlässigen Partner zu finden, erreicht.

In der Psychologie gibt es dafür den Ausdruck »self-fulfilling prophecy«: Das, was man aus Angst heraufbeschwört, trifft auch ein.

Leider steht eine vermeintliche Erkenntnis, wenn sie erst ins Unterbewusstsein abgeschoben wurde, nicht mehr zur Verfügung, um noch einmal überprüft werden zu können. So bleiben manche Schlussfolgerungen, die man als Kind gezogen hat.

Erfolglosigkeit

Ein Junge hat die Arbeitslosigkeit seines Vaters jahrelang miterlebt und gespürt, wie sehr der Vater darunter leidet. Unbewusst ist er nun der Überzeugung, dass es seinen Vater demütigen würde, wenn er selbst im Beruf erfolgreich wäre. Tatsächlich hat der Vater etwas dagegen, seinen Sohn studieren zu lassen.

Dennoch besucht dieser die Universität und strebt nach seinem Abschluss eine Karriere in einem großen Unternehmen an. In den folgenden Jahren macht er jedoch immer wieder die Erfahrung, dass er bei anstehenden Beförderungen von seinen Vorgesetzten übergangen wird. Auch wenn es eigentlich sein erklärtes Ziel ist: Unbewusst erlaubt er sich den Erfolg nicht und sabotiert nun seine Anstrengungen, vorwärts zu kommen.

Verdrängte Schuldgefühle wirken nach

Das Vertrackte an dieser Art von Schuldgefühlen ist, dass sie einem nicht bewusst sind. Sie teilen sich immer nur indirekt mit: Man fühlt sich erfolglos, frustriert und unzufrieden, ohne genau zu wissen, was eigentlich dahinter steckt.

Schuldgefühle verleiten uns dazu, negative Verhaltensmuster zu entwickeln, die dazu führen, dass wir uns selbst im Weg stehen, wenn wir uns daran machen, unsere Ziele und Vorstellungen zu verwirklichen. Doch das »wissen« wir nicht. Stattdessen fühlen wir uns in unseren negativen Überzeugungen nur immer wieder bestätigt (und darin, dass wir es nicht anders verdienen): Nichts klappt so, wie wir es gern gehabt hätten. Das ist ein Teufelskreis: Statt uns positive Erfahrungen zu gewähren, bestätigen wir unsere negativen Glaubenssätze. So werden wir immer mutloser und unzufriedener.

> Auch wenn Sie allmählich zu der Überzeugung gelangen, dass Ihre negativen Einstellungen in Ihrer Kindheit begründet liegen: Beklagen Sie sich nicht, sondern sehen Sie nach vorn! Heute haben Sie die Chance, Ihr Unterbewusstsein selbst nach Ihrem Willen zu beeinflussen.

Wie man sich selbst freispricht

Zwar ist es nicht ganz leicht, tief verborgene Schuldgefühle und die sich daraus ergebenden Selbstbestrafungen aufzuspüren, sie zu verstehen und sich schließlich von ihnen freizusprechen. Dennoch bieten sich Ihnen zahlreiche Möglichkeiten, in Kontakt mit Ihren Emotionen zu treten, sie anzuschauen, herauszulassen, durch sie hindurchzugehen und zu verändern. Wie Ihnen das am besten gelingt, wird in den folgenden Kapiteln noch beschrieben werden. Doch sollten Sie schon jetzt damit beginnen, Ihren verdrängten Schuldgefühlen auf die Spur zu kommen. Machen Sie anhand der folgenden Checkliste eine kleine Inventur Ihres Unterbewusstseins:

▶ Gehen Sie alle Gedanken, Gefühle und Verhaltensweisen durch, die Ihnen immer wieder Probleme bereiten. Ist Ihr Problem dem eines Elternteils oder eines Geschwisters ähnlich?

▶ Was für Gefühle ruft es in Ihnen hervor, wenn Sie sich vorstellen, Sie hätten Ihr Ziel erreicht?

▶ Glauben Sie, Erfolg zu verdienen?

▶ Leiden Ihre Eltern oder Geschwister darunter, ihre Ziele nicht erreicht zu haben? Um welche unerfüllten Ziele handelt es sich? Ähneln sie den Zielen, die auch Sie nicht erreicht zu haben meinen?

▶ Haben Ihre Eltern oder Geschwister Ihnen negative Botschaften vermittelt? Um welche handelt es sich? Könnte es sein, dass Sie diese negativen Botschaften verinnerlicht haben und ihnen nun »gehorchen«?

▶ Haben Sie bedrohliche Gedanken? Sind diese berechtigt? Oder sind sie bei näherer Betrachtung der Situation nicht angemessen? Wenn ja, überlegen Sie sich, warum sie gerade jetzt auftreten. Gab es vergleichbare Situationen bereits in Ihrer Kindheit?

Manchmal provozieren wir unbewusst andere Personen, uns so zu behandeln, wie es einst unsere Eltern taten. Oder wir behandeln eine Person so, wie wir damals von unseren Eltern behandelt wurden. Überlegen Sie, ob eines davon auf Sie zutreffen könnte.

Die Macht des negativen Selbstbilds

Ob es Ihnen bewusst ist oder nicht – Ihr Auftreten und Ihr Verhalten spiegelt wider, welches Bild Sie von sich im Kopf haben: wie Sie sich selbst sehen bzw. wie Sie zu sein glauben. Vielen Menschen fällt es schwer, sich selbst so einzuschätzen, wie sie wirklich sind. Auch ist die Sicht auf uns selbst nicht immer die gleiche: Nach einem (vermeintlichen) Misserfolg wird unser Selbstbild mit Sicherheit negativer ausfallen als nach einem Erfolgserlebnis. Dennoch: Wer versucht, sich sein Selbstbild einmal genau zu vergegenwärtigen, wird schnell eine Grundtendenz feststellen: Entweder, er begegnet sich selbst mit Achtung und Verständnis (also positiv) – oder er hat vieles an sich auszusetzen und wertet sich damit ab (also negativ). Und: Ob wir ein prinzipiell positives oder negatives Bild von uns haben, lässt sich nicht zuletzt daran erkennen, wie andere auf uns reagieren.

Wir werden als einzigartige Menschen geboren, mit vielen Fähigkeiten und Möglichkeiten. Wer ein positives Bild von sich hat, hat diesen Grundsatz voll und ganz verinnerlicht.

Was sehen Sie, wenn Sie in den Spiegel schauen? Nehmen Sie sich ruhig mal genauer unter die Lupe.

Wie begegnen uns die anderen?

Haben Sie den Eindruck, dass andere Sie interessant finden und Ihnen Aufmerksamkeit und Achtung entgegenbringen? Dann ist es sehr wahrscheinlich, dass Ihr Selbstbild positiv ist. Oder haben Sie das Gefühl, man kritisiere Sie ständig, übergehe Sie in wichtigen Angelegenheiten oder man höre Ihnen nie richtig zu, wenn Sie etwas zu sagen haben? In diesem Fall haben Sie wohl ein negatives Bild von sich. Diese Gleichung beruht auf einem Prinzip, das immer Gültigkeit hat: So wie Sie sich erleben, so werden Sie auch von anderen erlebt.

Unser Denken prägt unsere Ausstrahlung

Unser Selbstbild beeinflusst unser Verhalten. Wer glaubt, er sei nicht attraktiv, der ist auch nicht attraktiv. Wer glaubt, er sei fröhlich, der ist auch fröhlich. Und wer sich für minderwertig hält, der wird auch dementsprechend behandelt. Nur wenn man sich selbst akzeptiert, so wie man ist, nur wenn man sich selbst mag und davon überzeugt ist, dass man okay ist, werden wir auf Menschen treffen, die uns mögen und uns okay finden.

Haben Sie ein negatives Bild von sich?

Hadern Sie mit sich, weil Sie gerade ein Dauertelefonat mit einem Bekannten geführt haben, obwohl Sie eigentlich endlich einmal ausspannen wollten? Sind Sie beunruhigt, weil die versprochene Gehaltserhöhung schon seit Wochen überfällig ist, wagen aber Ihren Vorgesetzen nicht darauf anzusprechen? Sie haben gerade ein wichtiges Projekt abgeschlossen und viel Lob dafür bekommen, glauben aber insgeheim, dass ein anderer es noch viel besser und schneller hätte auf die Beine stellen können? Sie ärgern sich darüber, dass die Nachbars-

Wenn Sie sich wünschen, dass andere Menschen Sie interessant finden, ist es wichtig, dass Sie zuerst sich selbst für interessant halten. Wem dies nicht gelingt, der hat ein negatives Bild von sich: So wie er sich selbst sieht, so sehen ihn auch die anderen.

familie diesen Sommer wieder für vier Wochen in den Süden fährt, während in Ihrem Urlaub nur ein Besuch bei Ihren Eltern auf dem Programm steht? Sie haben den Verdacht, dass Ihr Partner Sie nicht so akzeptiert, wie Sie sind?

Negative Programme erkennen

Wenn Ihnen nur eines der Beispiele sehr vertraut vorkommt, ist es an der Zeit, dass Sie etwas unternehmen: Ihr negatives Selbstbild verleitet Sie vielleicht dazu, neidisch und misstrauisch zu sein und Dinge zu tun, die Sie eigentlich nicht tun möchten. Und/oder Sie suggerieren Ihrer Umwelt, dass Sie es nicht wert sind, geliebt und geachtet zu werden.

Was ist ein Selbstbild?

Wie bei einem Puzzle, bei dem die einzelnen Teile ineinander passen und ein ganzes Bild ergeben, so setzt sich auch das Bild, das wir von uns selbst haben, aus verschiedenen Einzelheiten zusammen. Diese kann man grob in drei Kategorien einteilen:

▶ **Körperbewusstsein:** Unser Körper ist das einzig Sichtbare und Konkrete, auf dem unser Urteil basieren kann. Daher hat er auch den größten Einfluss auf unser Selbstbild. Ist unser Blick einseitig auf die vermeintlichen Schwächen unseres Körpers fixiert, sind wir auch nicht in der Lage, uns ein positives Bild von uns zu machen.

▶ **Erziehung:** Vor allem Selbstbewusstsein und Selbstvertrauen werden in der Kindheit durch unsere Eltern angelegt. Menschen, die später unter Minderwertigkeitsgefühlen und Selbstzweifeln leiden, haben in ihrem Elternhaus nicht die Förderung und Unterstützung erfahren, die für die Entfaltung ihrer Persönlichkeit angemessen und notwendig gewesen wäre. In diesem Sinn

Fehlschläge und mangelndes Selbstbewusstsein bilden oft einen Teufelskreis, den man nur schwer durchbrechen kann. Schaffen Sie sich kleine Erfolgserlebnisse, mit denen Sie Ihr angeschlagenes Selbstbewusstsein Schritt für Schritt wieder aufbauen können.

haben auch die erlernten negativen Botschaften, Lebensformeln und Glaubenssätze unmittelbaren Einfluss auf unser Selbstbild.

▶ **Persönliche Beziehungen:** Wie uns die anderen begegnen, wirkt sich ebenfalls auf das Bild aus, das wir uns von uns selbst machen. Haben wir ein negatives Selbstbild, werden uns enttäuschende Erfahrungen mit anderen noch weiter in unserem harten Urteil über uns selbst bestätigen. Dabei ist vielen nicht klar, dass das Verhalten ihrer Umwelt nur das widerspiegelt, was sie selbst über sich denken. Auch die Neigung, sich mit anderen zu vergleichen, untergräbt ein gesundes Selbstwertgefühl.

Übernehmen Sie Verantwortung für sich

Um sein Selbstbild zu verbessern, ist es nötig, Handlungsweisen und Gefühle, die einem positiven Selbstbild widersprechen, zu verwandeln. Das ist nicht ganz einfach – denn abgesehen davon, dass es Menschen generell schwer fällt, alte Gewohnheiten abzulegen, setzt eine Veränderung immer voraus, dass man für sich selbst Verantwortung übernimmt.

Sind Sie eifersüchtig? Wenn ja, dann haben Sie Angst, andere hätten etwas, was Sie nicht haben und seien dadurch liebenswerter. Ein eifersüchtiger Mensch klammert sich an andere und engt sie damit ein. Zugleich leidet er Höllenqualen für etwas, das möglicherweise vollkommen unbegründet ist.

Glaubenssätze erkennen

● In welchem Maß werden Sie von negativen Glaubenssätzen und Bewertungen bestimmt?

● Wenn Sie völlig frei wären, wie würden Sie leben wollen?

● Welche Ziele haben Sie bisher verfolgt? Waren es wirklich Ihre eigenen, oder haben Sie damit Erwartungen von anderen zu erfüllen versucht? Welche (neuen) Ziele setzen Sie sich für Ihr Leben?

● Welche Ängste hindern Sie daran, so zu leben, wie Sie möchten?

Viele Menschen machen den Fehler, die eigenen Talente und Fähigkeiten, aber auch die eigenen Fehler und Schwächen mit denen anderer zu vergleichen. Meistens findet sich jemand, mit dem wir nicht konkurrieren können – dann fühlen wir uns schlecht.

Veränderung in kleinen Schritten

Beginnen Sie Schritt für Schritt, Ihre gewohnten Reaktionen und Verhaltensweisen zu ändern, die einem gesunden Selbstwertgefühl zuwiderlaufen:

1. Lernen Sie, Komplimente anzunehmen, und vermeiden Sie es, schlecht über sich selbst zu reden. Abgesehen davon, dass Ihr Unterbewusstsein bei Sätzen wie: »Ach, ich habe nur Glück gehabt, so klug bin ich gar nicht« oder »Das kann ich bestimmt nicht« immer mithört, geben Sie anderen Macht über sich. Reden Sie gut über sich. Loben Sie sich auch mal, betrachten Sie sich wohlwollend, wenn Sie in den Spiegel schauen, und würdigen Sie die Dinge, die Ihnen gut gelungen sind.

2. Hören Sie auf, sich mit anderen zu vergleichen. Sie werden immer jemanden finden, den Sie für klüger, besser, hübscher, reicher halten. Und: Wer sich mit anderen vergleicht, kann niemals er selbst sein, weil er sich immer nach den anderen richtet. Erkennen Sie, dass die anderen nur deshalb wertvoll und Sie minderwertig sind, weil Sie es so sehen wollen. Machen Sie von nun ab nur sich selbst zum Maßstab Ihrer Bewertung.

3. Verwöhnen Sie sich selbst! Schenken Sie nicht immer anderen einen schönen Strauß Blumen, sondern kaufen Sie von nun an auch einmal einen für sich selbst – oder etwas anderes, woran Sie Freude haben. Gönnen Sie sich regelmäßig Pausen, und achten Sie darauf, dass Sie täglich eine Zeit lang etwas nur für sich tun.

4. Denken Sie an Ihre eigenen Bedürfnisse. Treffen Sie keine Verabredung, wenn Sie eigentlich ausspannen wollten; sagen Sie Nein, wenn andere Sie um etwas bitten, das für Sie eigentlich nicht akzeptabel ist. Geben Sie Ihren Bedürfnissen mehr Raum – dies ist auch wörtlich gemeint: Wenn Sie noch nicht über ein eigenes

Den eigenen Bedürfnissen Raum geben

Zimmer oder eine private Ecke verfügen, richten Sie sich, wenn möglich, eine solche ein. Sie sollte nur von Ihnen benutzt werden und Ihnen die Möglichkeit geben, wann immer Sie das Bedürfnis danach haben, ganz für sich allein zu sein.

5. Teilen Sie anderen Ihre Wünsche und Vorstellungen mit. Selbst nahe stehende Personen können nicht immer erahnen, was Sie von ihnen möglicherweise erwarten. Sprechen Sie dabei Ihre Wünsche klar und deutlich aus. Warten Sie nicht so lange, bis Sie eine Gelegenheit zu einem Gespräch bekommen, sondern sprechen Sie Missstände möglichst sofort und ruhig an. Ihr Gegenüber kann dann angemessen reagieren.

6. Lernen Sie etwas anzunehmen! Viele Menschen tun sich schwer damit, freundliche Gesten oder Geschenke ohne einen verlegenen Kommentar einfach hinzunehmen. Wenn Ihnen jemand etwas Gutes tut oder Ihnen etwas schenkt, dann scheuen Sie sich nicht, ihm zu zeigen, wie sehr Sie dies zu schätzen wissen.

7. Erkennen Sie Ihren eigenen Wert, indem Sie eine Erfolgsbilanz aufstellen. Listen Sie systematisch Ihre Stärken auf. Halten Sie nichts für zu wenig bedeutsam, um in Ihrer Liste aufgenommen zu werden. Erwähnen Sie die Gelegenheiten und Bereiche, in denen sich Ihre Fähigkeiten als Vorteile erwiesen haben. Also z. B.: Konzentrationsfähigkeit während der Arbeit, umfangreiche Kenntnisse auf bestimmten Gebieten, was Sie dazu beitragen, dass Ihre Kinder kindgerecht aufwachsen können oder dass Ihre Partnerschaft stabil und zufriedenstellend ist u.s.w.

Lesen Sie diese Erfolgsliste immer wieder durch, und fügen Sie von Zeit zu Zeit etwas hinzu. Verinnerlichen Sie dieses positive Bild, das Ihnen diese Liste vermittelt – denn dieses positive Bild sind Sie!

Stellen Sie eine Kosten-Nutzen-Rechnung auf: Welche Nachteile hat es für Sie, ein negatives Bild von sich selbst zu haben? Welche Vorteile ergeben sich daraus? Anschließend gehen Sie von einem positiven Selbstbild aus und stellen sich die gleichen Fragen.

Blockierte Lebensenergie

Der Kreislauf der Angst

Es ist dem Menschen angeboren, mit dem Gefühl der Angst reagieren zu können: Wie ein Alarmsystem wirkt sie in unserem Körper, so dass wir bei einer Gefahr bereit sind für Kampf, Flucht oder Stillstand. Dabei unterstützt die Angst die Leistungsfähigkeit unseres Körpers und sorgt dafür, dass wir eine Bedrohung erkennen und angemessen auf sie reagieren können. So wichtig dieses Alarmsystem für uns ist, so anfällig ist es jedoch auch für Störungen und kann unsere Lebensenergie massiv blockieren. Dann kann sich die Angst beispielsweise in Panik steigern, so dass wir keinen klaren Gedanken mehr fassen können und dementsprechend mit einer Situation nicht mehr adäquat umgehen können. Oder wir bekommen Angst, obwohl gar keine akute Gefährdung für unser Leben besteht.

Mit der Angst gehen massive körperliche Veränderungen einher: Atem und Herzschlag beschleunigen sich, die Muskeln spannen sich an, und die Durchblutung wird angeregt.

Kinder kontrollieren ihre Gefühle noch nicht so stark wie Erwachsene. Das bedeutet aber nicht, dass Erwachsene weniger unter Ängsten leiden.

Wie entsteht Angst?

Es ist ein Irrtum zu glauben, dass es bestimmte Situationen, Ereignisse oder Menschen sind, die Ängste hervorrufen. In Wahrheit liegt die Ursache für unsere Ängste in unserem Denken, etwa wenn wir eine bestimmte Situation als bedrohlich empfinden (bewerten) und gleichzeitig das Gefühl haben, dass unsere Fähigkeiten nicht ausreichen, um die Gefahr zu bewältigen. Tatsächlich sind Menschen, deren Selbstbild negativ ist, die also wenig Zutrauen in sich und ihre Fähigkeiten haben, wesentlich häufiger von Ängsten geplagt als Menschen, die ein positives Bild von sich haben.

Angst ist ein erlerntes Verhaltensmuster

Viele Ängste, mit denen wir uns als Erwachsene konfrontiert sehen, haben ihren Ursprung in der Kindheit: So wie wir uns als Kinder in der Bewertung von Situationen und den damit einhergehenden Gefühlsreaktionen und Verhaltensweisen lange Zeit an unseren Eltern orientieren, so lernen wir auch von ihnen, auf bestimmte Situationen ängstlich zu reagieren. Die Mutter, die Höhenangst hat, der Vater, der unter Versagensängsten leidet, die Eltern, die ängstlich reagieren, wenn das Kind nicht pünktlich nach Hause kommt – diese und viele andere Ängste, mit denen wir jahrelang konfrontiert werden, haben wir irgendwann so sehr verinnerlicht, dass auch wir später in den jeweiligen Angst auslösenden Situationen über keine angemessenen Bewältigungsstrategien mehr verfügen. Umgekehrt kann es sein, dass Eltern die Ängste des Kindes konstant bagatellisieren oder es dazu nötigen, sie zu unterdrücken. Auch dies kann dazu führen, dass man in späteren Jahren mit einer übermäßigen Angst auf Situationen reagiert.

Manche Angstanfälle scheinen ohne Grund aufzutreten. Plötzlich, meist in einer Phase großer seelischer Belastung, erfasst den Betroffenen eine unbändige Angst, ohne dass er Grund dazu hat. Um diese Angstattacken in den Griff zu bekommen, bedarf es meistens der Hilfe eines Psychologen.

Traumatische Erlebnisse

Manchmal werden Ängste durch traumatische Erlebnisse ausgelöst: Dann werden plötzlich Situationen für uns gefährlich, die uns vorher harmlos erschienen sind, weil wir permanent mit einer Wiederholung dieser schrecklichen Erfahrung rechnen. Oder Ereignisse, die wir noch gar nicht erlebt haben, rufen Ängste in uns wach. So haben viele Menschen geradezu panische Angst vor Krankheiten, dem Alter, einem Unfall, dem Verlust eines geliebten Menschen oder dem Tod, und kein sachliches Argument kann ihre Angst mildern.

Auch körperliche Erkrankungen, wie z. B. Schilddrüsenfehlfunktionen oder Lebererkrankungen, können Angstzustände auslösen. Menschen, die unter solchen Attacken zu leiden haben, sollten sich, bevor sie nach seelischen Gründen suchen, ärztlich untersuchen lassen.

Isolation durch Angst

Angst entsteht schließlich auch, wenn wir glauben, unser Ansehen, unser Status oder unser Selbstwertgefühl werden bedroht. Die Angst davor, jemanden um etwas zu bitten und dann abgelehnt zu werden, oder die Furcht, bei einer Bewertung seiner Leistung schlecht abzuschneiden, treibt manche Menschen dazu, sich von ihrer Umwelt regelrecht zu isolieren oder Prüfungssituationen grundsätzlich zu vermeiden. Diese und viele ähnliche Vermeidungsstrategien bezüglich Angst auslösenden Situationen hindern uns an der Entfaltung unserer Persönlichkeit: Sie machen uns unfrei und trüben unsere Lebensfreude.

Ängste verstehen, akzeptieren und auflösen

Um es noch einmal zu betonen: Jeder, der sich bestimmte Einstellungen, Gefühlsreaktionen und Verhaltensmuster angewöhnt hat, der kann sie auch wieder verlernen, oder, besser gesagt, er kann umlernen. Dies setzt voraus, dass Sie Ihre negativen Bewertungen und die sich daraus ergebenden negativen Gefühle – in diesem Fall die Angst – als solche erkennen, sie akzeptieren und sich dann mit ihnen ehrlich auseinander setzen. Machen Sie sich klar, dass Ihr Gefühl keinesfalls ein Beweis für die Gefahr ist. Ihr Gefühl ist nur ein Beweis für Ihr Denken, denn: Erst denken wir, dann fühlen wir.

Bestandsaufnahme Ihrer Ängste

Folgende Maßnahmen können Ihnen bei der Bewältigung Ihrer Ängste wertvolle Dienste leisten:

1. Machen Sie eine Bestandsaufnahme, bei der alle Ihre Ängste berücksichtigt werden. Notieren Sie sich alle Situationen, die unweigerlich Ängste in Ihnen auslösen. Welches ist die Angst, die Sie am meisten quält? Mit welcher Angst können Sie noch am ehesten zurechtkommen und warum?

2. Gehen Sie Schritt für Schritt vor, indem Sie sich jede einzelne Angst genau anschauen und sich dann folgende Fragen stellen:

▶ Entspricht es den Tatsachen, dass das, was ich als gefährlich einschätze, auch wirklich so gefährlich ist?

▶ Wie wahrscheinlich ist es, dass das, wovor ich mich so fürchte, auch tatsächlich eintritt?

▶ Was wäre, wenn dieses von mir als so gefährlich eingeschätzte Ereignis nun einträfe? Wie kann ich damit umgehen? Welche Auswirkungen hätte es auf mich direkt, welche hätte es auf mein künftiges Leben? Bestände durch dieses Ereignis Lebensgefahr?

▶ Was passiert schlimmstenfalls, wenn das Ereignis, vor dem ich mich fürchte, eintritt?

▶ Über was für Möglichkeiten und Mittel verfüge ich, dieses von mir als so gefährlich eingeschätzte Ereignis zu verhindern?

▶ Was wäre der Vorteil, wenn sich meine Angst als unbegründet herausstellt?

Was würden Sie verlieren, wenn Sie sich nicht mit der Angst auslösenden Situation auseinander setzen? Was gewinnen Sie, wenn Sie sich in diese Situation begeben und es trotz der möglichen Gefahr wagen?

▶ Gibt es Lösungen für den Fall, dass sich meine Befürchtungen bestätigen?

▶ Müsste ich mein Leben in manchen Bereichen ändern, wenn das Ereignis eintritt?

▶ Bin ich eigentlich bereit, neue Wege einzuschlagen und mich von alten Mustern zu verabschieden?

▶ Wie sähe mein Leben aus, wenn ich mich jetzt nicht fürchten würde?

Wenn Sie damit beginnen, sich Ihren Ängsten zu stellen, kann es sein, dass sich die Angstgefühle zuerst einmal verstärken. Geben Sie nicht auf, sondern nehmen Sie sie so ruhig wie möglich zur Kenntnis, und suchen Sie unbeirrt nach einer Lösung. Mit der Zeit werden die Angstgefühle auf jeden Fall abnehmen.

Suchen Sie nach einer Lösung. Denken Sie positiv, indem Sie daran glauben, dass Sie dank Ihrer Fähigkeiten auf jeden Fall eine Möglichkeit finden, mit diesem für Sie schlimmstmöglichen Ereignis fertig zu werden.

Geben Sie nicht auf, denken Sie lösungsorientiert

Da wir normalerweise versuchen, unangenehme Situationen zu vermeiden, wird es zunächst wohl nicht ganz einfach sein zu lernen, die Angst in den Griff zu bekommen. Dennoch: Die obige Übung zielt darauf ab, dass Sie sich Ihrer negativen Gefühle annehmen, statt ihnen aus dem Weg zu gehen, dass Sie lernen, sie auszuhalten und durch sie hindurchzugehen, um sie dann hinter sich zu lassen. Nur wenn wir uns unseren negativen Gefühlen stellen, können wir sie auf Dauer überwinden. Ein bewährter Ansatz ist es, geistig alle möglichen Situationen und ihre positiven bzw. negativen Folgen durchzuspielen.

Indem wir wieder und wieder in unserem Kopf die einzelnen Möglichkeiten durchgehen, z. B. wie wir beim Eintreten des schlimmstmöglichen Falls lösungsorientiert reagieren könnten, ändern wir allmählich unsere Einstellung und rufen positive Gefühle in uns wach. Fühlen Sie sich nicht wie befreit, nun über Bewältigungsstrategien zu verfügen, die Angstgefühle überflüssig werden lassen?

Wenn Stress ein Dauerzustand ist

Stress beeinträchtigt nicht nur unsere Lebensfreude und blockiert unsere Lebensenergie. Wenn Stress zum Dauerzustand wird, kann er krank machen. Dies ist für viele längst keine neue Erkenntnis mehr. Inzwischen weiß man, dass viele chronischen Erkrankungen, wie Bluthochdruck, Herzinfarkt, Magen-Darm-Beschwerden, Schlafstörungen und auch Krebs, durch Stress mit verursacht oder verschlimmert werden können.

Was ist Stress?

Früher wurden unter Stress vor allem die äußeren Einwirkungen verstanden, die dem Menschen in konkreten bedrohlichen Situationen körperlich zusetzen. So verfügt der menschliche Organismus über bestimmte angeborene Mechanismen, die es ihm erlauben, sich vor äußeren Gefahren zu schützen. Solche Außeneinwirkungen können extreme Hitze oder Kälte, aber auch Bedrohungen durch Personen oder Umstände sein, die als akute Gefahr für Gesundheit und Leben wahrgenommen werden. So gesehen sind körperliche Stressreaktionen eine durchaus notwendige, ja lebensnotwendige Einrichtung der Natur.

Bei einer akuten Gefahr werden alle Kräfte aktiviert, die uns eine Flucht oder Verteidigung erlauben. Herzschlag, Puls und Atemfrequenz steigen an, damit der Körper mehr Sauerstoff aufnimmt.

Die Stressreaktion

Die durch Stress verursachten Abläufe im Körper fasst man unter dem Begriff »Adaption« (Anpassung) zusammen. Dabei handelt es sich um komplexe Vorgänge, an denen vor allem das Nervensystem und die hormonproduzierenden Drüsen beteiligt sind. Ohne die Mobilisierung der Stresshormone, allen voran Adrenalin, Kortisol und Glukagon, wären wir nicht in der Lage, Notsituationen zu bewältigen.

Blockierte Lebensenergie

Wenn sich die Reaktion verselbstständigt

Aus Statistiken geht hervor, dass eine erhöhte Unfallgefahr besteht, wenn Menschen unter Stress stehen. Chronische Erschöpfung führt dazu, dass das Reaktionsvermögen stark eingeschränkt wird.

In unserer hektischen Zeit, in der sich die Menschen mit Mehrfachbelastungen und immer größeren Anforderungen konfrontiert sehen, signalisiert das Gehirn dem Organismus sehr häufig, dass das körpereigene Selbstschutzprogramm in Gang gesetzt werden muss. Wenn wir durch anhaltende Überlastung und seelische Anspannung gestresst sind, können wir bald nicht mehr unterscheiden zwischen der realen Gefahr, die tatsächlich unsere ganze Aufmerksamkeit (etwa im Straßenverkehr) erfordert, und der Scheingefahr, die, objektiv gesehen, keine ist. Dann löst der Ärger über einen Stau genau die gleichen körperlichen Reaktionen aus wie das brennende Nachbarhaus. Auf der körperlichen Ebene erzeugt der ständige Spannungszustand u. a. eine fortdauernde Erhöhung des Blutdrucks. Umgekehrt kann Dauerstress aber auch chronische Erschöpfung und depressive Stimmungen zur Folge haben.

Explodieren Sie auch manchmal? Aufgestaute Aggressionen werden plötzlich entladen, und wertvolle Energie, die Sie gerade dann gut gebrauchen könnten, geht verloren.

Auf die subjektive Empfindung kommt es an

Entscheidend für das Ausmaß der Belastung ist letztlich jedoch weniger das äußere Ereignis, sondern die Art und Weise, wie wir es bewerten – und vor allem über welche Bewältigungsmöglichkeiten wir verfügen. Auch im Umgang mit Stress spielen die unbewussten negativen Grundsätze und die sich daraus ergebenden Verhaltensmuster eine Rolle: Sich durch etwas oder jemand unter Druck gesetzt fühlen, beruht in erster Linie auf unseren (angelernten) Wertvorstellungen und -urteilen, mit denen wir einer Situation begegnen, die wiederum negative Empfindungen in uns wachruft. Für die unangenehmen Gefühle, wie Ärger, Wut oder Enttäuschung, die ein bestimmtes Erlebnis hervorruft, sind also letztlich wir selbst verantwortlich und nicht die Situation oder die beteiligten Personen.

Mit Stress werden grundsätzlich unangenehme Gefühle wie Ungeduld, Unruhe, Reizbarkeit, Ärger, Überlastung, Resignation, Unsicherheit oder Ängste verbunden.

Selbstverantwortung ist gefragt

Um die durch Stress hervorgerufenen Belastungen zu verringern, ist es an der Zeit, dass wir uns darüber klar werden, warum wir sie als kräftezehrend empfinden und was wir dagegen unternehmen können. Dabei hängt es von uns selbst ab, ja wir haben sogar die Wahl, ob Ereignisse und Personen die Macht haben, uns unglücklich zu machen. Neigt man dazu, die Verantwortung grundsätzlich auf äußere Faktoren abzuwälzen und sich damit dem quälenden Gefühl der Ohnmacht und des Ausgeliefertsein hinzugeben? Oder übernimmt man selbst die Verantwortung für das eigene Wohlbefinden und versucht, eine unangenehme Situation aktiv zu bewältigen? Letzteres bedeutet jedoch manchmal auch, das Leben völlig neu zu gestalten. Dies ist immer eine Chance, mehr Wohlbefinden zu erlangen.

Stressgefühle entstehen in uns selbst

Denken Sie einmal über Folgendes nach: Was hindert Sie eigentlich daran, ruhiger und gelassener zu leben? Sind es Gedanken wie: »Ich müsste …« oder »Ich sollte …«? Jeder Satz, der mit diesen Worten beginnt, bedeutet unweigerlich Stress und Fremdbestimmung (siehe auch Seite 36 ff.). Der Satz »Ich müsste mal wieder die Fenster putzen« erzeugt ebenso psychischen Druck wie der Satz »Ich sollte weniger Schokolade essen«. In beiden Fällen ist es sehr wahrscheinlich, dass Sie Ihr Vorhaben einmal mehr auf einen späteren Zeitpunkt verschieben (sonst hätten die Sätze mit: »Ich werde jetzt …« begonnen!). Das bedeutet, Sie wollen beides nicht wirklich sofort in die Tat umsetzen.

Fehlt es Ihnen an Entschlusskraft oder am Willen? Einverstanden, es ist Ihre Entscheidung. Warum machen Sie sich dafür jedoch jetzt ein schlechtes Gewissen und setzen sich damit auch noch unter Druck?

> Erkennen Sie, dass Schwierigkeiten auch Herausforderungen sein können! Wenn Sie belastende Situationen nicht als stressig, sondern als eine Art Bewährungsprobe Ihrer Fähigkeiten auffassen, dann hat dies automatisch positive Auswirkungen.

Stressfaktoren auflösen

● Machen Sie sich bewusst, was Sie stresst, indem Sie folgenden Satz vervollständigen: »Ich wäre innerlich viel ruhiger und ausgeglichener, wenn …«

● Vervollständigen Sie Sätze, die mit »Ich muss« oder »Ich soll« beginnen.

● Machen Sie sich klar, dass Sie niemals etwas tun müssen. Wenn Sie etwas tun, dann ist es Ihre ganz persönliche Entscheidung. Beginnen Sie Ihre »Ich muss«-Sätze also ab sofort mit »Ich entscheide mich«. Sie werden bereits nach kurzer Zeit die positive Wirkung dieser kleinen Änderung im Denken körperlich und seelisch spüren.

Innere Harmonie durch Entspannung

Gönnen Sie sich eine Pause! Um unser gesamtes Potenzial ausschöpfen zu können, brauchen wir Entspannungsphasen. Zeiten der Ruhe gehören zum Leben und sind kein Luxus, sondern eine Notwendigkeit. Negative Gemütsregungen wie Hast und Eile können wir ablegen, indem wir uns im Lauf des Tages immer einmal wieder einige Minuten Ruhe gönnen und ruhig ein- und ausatmen.

▶ Schaffen Sie sich kleine Rituale zur Stärkung Ihrer seelischen Kräfte, die Sie während des Tages immer wieder für ein paar Minuten durchführen können: Ob ein Bad, eine Tasse Tee, ein kurzer Spaziergang oder ein gutes Buch – überlegen Sie sich, was Ihnen gut tut!

▶ Konzentrieren Sie sich auf das Machbare! Wenn Sie vor einer unangenehmen Aufgabe stehen, konzentrieren Sie sich darauf, wie Sie diese am besten bewältigen können, ohne sich zu überfordern. Machen Sie sich einen Lageplan, indem Sie sich jeden Schritt genau überlegen. Lassen Sie alle anderen Projekte erst einmal liegen, bis Sie die akute Situation bewältigt haben.

▶ Setzen Sie Prioritäten! Denn nicht alles ist gleich wichtig und muss sofort erledigt werden. Halten Sie allerdings nicht immer starr an Ihrem Plan fest. Seien Sie flexibel genug, um etwas wegzulassen oder dazwischenschieben zu können.

▶ Sagen Sie Nein! Häufig werden wir gebeten, doch schnell noch mal dies und jenes zu erledigen. Sagen Sie freundlich und bestimmt Nein, wenn Sie meinen, dass Ihnen die Bewältigung dieser Aufgabe zu viel wird.

▶ Formulieren Sie Etappenziele, die auch wirklich zu erreichen sind. Das vermittelt Ihnen auch das notwendige Erfolgserlebnis.

Für seelischen und körperlichen Ausgleich bei Stress haben sich z. B. autogenes Training und gezielte Muskelentspannungsübungen (z. B. die progressive Muskelrelaxation nach Jacobson) bewährt. Aber auch Meditations- und Yogaübungen sind sehr hilfreich, um wieder zur Ruhe zu kommen.

SPECIAL

Krankheit als Chance

Egal, um welche Störung es sich handelt, letztlich kann man jede Krankheit in drei Phasen unterteilen: Man bekommt sie, man setzt sich mit ihr auseinander und sorgt dafür, dass man sie überwindet. Bezeichnenderweise sind diese Schritte mit denen eines jeden Lernvorgangs identisch: Man erhält eine Aufgabe, versucht, den Lernstoff zu begreifen, bis man das angestrebte Lernziel erreicht bzw. die neue Fähigkeit erworben hat. Die Krankheit als Lernprozess verstehen – auf dieser Maxime beruht im Wesentlichen die ganzheitliche Medizin (psychosomatische Medizin): Der Patient soll erkennen, dass die Störung seines Organismus eine Art verkörperter Lernprozess ist.

Heilung der Seele

Unter dieser Voraussetzung haben Krankheiten immer einen Sinn: Bei einer Funktionsstörung oder Erkrankung holt der Körper auf der organischen Ebene das nach, was auf der seelischen Ebene nicht bewältigt wurde. Danach gilt es, Konflikte zu bewältigen, sich unterdrückte Gefühle bewusst zu machen und durch sie hindurchzugehen – und auf diese Weise die Seele zu heilen. Die Linderung der körperlichen Symptomen geht damit einher.

Deutung des Krankheitsbilds

Diese Betrachtungsweise setzt ein tieferes Verständnis von Krankheit voraus, und allein Sie selbst können entscheiden, ob Sie zu dieser Einsicht gelangen möchten oder nicht. Wenn Sie davon überzeugt sind, dass Ihre Erkrankung Ausdruck Ihrer seelischen Probleme ist, empfiehlt es sich, sich mit dem Prinzip der Symptom- bzw. Organsprache vertraut zu machen und zu versuchen, das Krankheitsbild zu deuten.

Krankheit als Botschaft

Wofür steht das Symptom? Welches meiner Verhaltensmuster spiegelt sich möglicherweise in meinem Krankheitsbild wider? Was könnte der tiefere Sinn meiner Erkrankung sein? Mit Hilfe dieser Fragen gelingt es vielleicht, eine Erkrankung als echte Wachstumschance zu verstehen, durch die man sich weiterentwickeln kann: Über die Deutung der organischen Symptome (Organsprache) gelangt man auf seine seelische Ebene und ist jetzt

SPECIAL

in der Lage, seinen ungelösten Konflikten, seinen Nöten, Ängsten und Unsicherheiten auf die Spur zu kommen und diese zu verarbeiten. Kurzum: Es gilt, die Botschaft zu entschlüsseln, die Probleme zu klären und die Erkenntnisse durch ein verändertes Bewusstsein im Alltag umzusetzen.

Hören Sie auf Ihren Körper

Machen Sie sich bewusst, dass Ihr Körper, wenn er krank ist, Ihnen mitteilen will, dass etwas in Ihrem Leben aus dem Gleichgewicht geraten ist. Öffnen Sie sich, hören Sie ihm zu, und gehen Sie auf ihn ein. Auf diese Weise ermöglichen Sie es Ihrer Seele und Ihrem Körper, wieder zu Harmonie und Gesundheit zu gelangen. Unterstützen Sie den Heilungsprozess mit aufbauenden Gedanken, wie z.B.:

»Ich übernehme jetzt die Verantwortung für meine Gesundheit. Ich habe einen kräftigen, gesunden Körper und gehe sanft mit ihm um. Ich habe es verdient, gesund zu sein. Ich erlaube es mir, gesund zu sein. Ich habe ein natürliches Recht auf Gesundheit.«

Gönnen Sie sich und Ihrem Körper mal eine Pause! Sie ist dringend notwendig.

Zufrieden leben mit Positivkonzepten

Auf den vorangegangenen Seiten haben Sie Denkanstöße erhalten, von welcher Blockade Ihre Lebensenergie betroffen sein könnte – vermutlich werden Ihnen einige davon vertraut sein. Und Sie haben erfahren, dass es letztlich nur einen Weg gibt, um belastende Gefühls- und Reaktionsmuster aufzulösen und durch neue zu ersetzen. Auf Sie und Ihre Bereitschaft, positiv zu denken und zu handeln, kommt es an. Sie allein bestimmen, was und wie Sie etwas verändern wollen und welche Ziele Sie dabei verfolgen. Setzen Sie dafür Ihre ganzen Fähigkeiten ein, und nutzen Sie Verstand, Gefühl und Intuition, um Veränderungen einzuleiten.

Denken Sie positiv

Um zu lernen, positiv zu denken, ist es wichtig, dass wir die Fähigkeiten des Unterbewusstseins nutzen, alte Lebensformeln zu »löschen« und neue Glaubenssätze zu »installieren«. Mit dem Ziel, zu einem selbst bestimmten Leben zu kommen, das außen widerspiegelt, was man innerlich denkt, gilt es also zunächst, uns all der negativen Programme, die im Unterbewusstsein gespeichert wurden, bewusst zu werden. Erst wenn wir verstehen, wie und warum wir selbst unseren Erfolg, unsere Zufriedenheit, Harmonie und unser Glück boykottieren, erst wenn wir die einzelnen negativen Denkmuster und Verhaltensweisen genau kennen gelernt haben, erst dann können wir sie neu definieren und in ein uns gemäßes Denken, Handeln und Fühlen umwandeln.

Ihr Leben kann sich zum Guten wenden! Egal, ob Sie berufliche, psychische oder körperliche Probleme haben – Sie müssen sich wieder auf Ihre ureigensten Kräfte besinnen und aus ihnen zu leben wissen.

Positiv denken: Dazu gehört auch, das Kind in sich wiederzuentdecken.

Eine positive Einstellung ist immer ganzheitlich

Eine positive Einstellung ist die Lösung für ein befreites Selbst: Wollen wir wieder voller Tatendrang sein? Wollen wir wieder mutig, optimistisch und zufrieden sein? Sofern wir wieder eine positive Ausstrahlung und Freude an den großen und kleinen Dingen des Lebens haben wollen – so, wie wir uns einst als Kinder unbeschwert und voller Lebenslust gefühlt haben –, so besinnen wir uns wieder auf die Kräfte, die uns von der Natur mitgegeben wurden: auf unseren Verstand und unsere Sinne, die den Zugang zur Welt ermöglichen, und auf unser Gefühl und unsere Intuition, die uns im regen Kontakt mit unserem Inneren halten.

Die Intuition ist dem Verstand haushoch überlegen: Die Lebenserfolge aller großen Forscher und Künstler gehen letztlich vor allem auf ihre Intuition zurück. Bei Erfindungen und Kunstwerken kommt es mehr auf den einzigen, intuitiven Geistesblitz und weniger auf das Wissen an.

Wissen allein ist nicht Macht

Wahrscheinlich fällt es auch Ihnen zunächst leichter, sich einem Problem mit Hilfe Ihres Intellekts anzunähern. Dies wäre nicht besonders verwunderlich, denn da wir in einer Gesellschaft leben, in der ein vielseitig gebildeter Verstand höchstes Ansehen genießt, haben wir im Lauf unseres Lebens eine ganze Menge getan, um unsere Willenskraft möglichst analytisch und methodisch auszurichten. Wissen ist Macht – so lautet die Devise, an der viele meinen, sich orientieren zu müssen, um von und in der Gesellschaft Anerkennung zu finden. Gewiss, das logische Denken ist die notwendige Voraussetzung zur Bewältigung unserer realen Welt. Doch leider haben viele Menschen durch eine zu einseitige Schulung ihres Geistes weitgehend den Kontakt zu ihren Gefühlen und ihrer Intuition verloren. Überschwängliche Gefühle vertragen sich nun einmal nicht mit unserer rationalen Lebensform – so denken nicht wenige. Dies ist jedoch ein schwer wiegender Irrtum: Zu glauben, dass unter dieser Maxime innere Harmonie und Ausgeglichenheit möglich seien, zeigt nur, dass manchen der Zugang zu den seelisch-geistigen Gesetzmäßigkeiten, die den Menschen bestimmen, abhanden gekommen ist. Das Ergebnis ist, dass sich viele geradezu davor fürchten, mit ihren Gefühlen in Berührung zu kommen.

Gefühle sind ein unerschöpflicher Reichtum

Vor allem Menschen, die unter starken emotionalen Schmerzen leiden, wünschten sich manchmal, sie könnten ihre Gefühlswelt einfach abschaffen. Gefühle sind jedoch ein unerschöpflicher Reichtum, die unserem Leben erst Farbe und Kontur verleihen, ohne sie wäre unsere Erlebnis- und Genussfähigkeit dahin. Nicht mehr fühlen zu wollen, heißt somit auch, für die positiven Gefühle, wie Freude, Leidenschaft und Glück, nicht mehr zugänglich sein zu wollen.

Erst kommen die Gedanken – dann die Gefühle

Nicht unsere negativen Gefühle sind die Ursache für Unwohlsein und mangelnde Lebensfreude, sondern die negativen Gedanken, die in uns negative Gefühle auslösen. Unsere Gedanken über eine Situation oder ein Ereignis bestimmen, wie unsere Gefühle ausfallen. Und diese Gedanken nähren sich, wie Sie inzwischen wissen, aus lang gehegten Glaubenssätzen über uns selbst. Ausschlaggebend für unser Lebensglück ist es also, möglichst vielen negativen Programmierungen auf die Spur zu kommen, sich diese bewusst zu machen und sie durch positive Programmierungen zu ersetzen. Auf diese Weise erhalten wir den Schlüssel zum Ändern der Gefühle. Wenn wir diese Gesetzmäßigkeit beherzigen, lernen wir zugleich, dass der Grund für unser Unglück nicht das negative Ereignis außerhalb von uns selbst ist,

Jeder Gedanke ist schöpferisch – sei es in positiver oder in negativer Hinsicht. Haben Sie also gebührenden Respekt vor Ihren Gedanken. Lernen Sie, positive Ergebnisse aus Ihren positiven Gedanken zu erwarten.

Ein Problem ist immer auch eine Aufgabe, an der wir lernen können, an der wir wachsen können. Dabei handelt es sich zwar um eine schwierige, aber durchaus lösbare Aufgabe. Betrachten Sie sie als eine Chance.

sondern die Art und Weise, wie wir über dieses Ereignis denken. In dem Maß, in dem wir lernen, unsere Bewertung der Dinge zu verändern, wächst das positive Lebensgefühl.

Probleme klar erkennen

Die gleiche Gesetzmäßigkeit gilt auch für den konstruktiven Umgang mit Problemen: Sich des Problems bewusst zu werden, zu überlegen, weshalb es ein Problem ist, bzw. weshalb man es als Problem empfindet, ist die Grundvoraussetzung, um es zu überwinden. Nur wenn Sie sich ein Problem ganz klar eingestehen, sind Sie auch innerlich dazu bereit, effektive Lösungen zu erarbeiten.

Deshalb ist es nicht besonders konstruktiv, dem Wunsch nach Verdrängung nachzugeben. Es ist zwar schmerzhaft, den eigenen Unzulänglichkeiten nachzuspüren, dennoch können sie nur so behoben werden. Im Übrigen äußern sich verdrängte Probleme langfristig auf der körperlichen Ebene.

Konfrontationen zu vermeiden, ist zwar gemütlich, verschlimmert sie in der Regel aber nur. Geben Sie sich einen Ruck.

Negative Gedankenmuster erkennen

Vergegenwärtigen Sie sich, dass Ihr Unterbewusstsein jedes Wort, das Sie denken oder sprechen, für bare Münze nimmt und darauf reagiert. So gibt es einige Worte und Vorstellungen, die automatisch negatives Denken und damit negative Gefühle in uns wachrufen. Haben Sie sich erst einmal bewusst gemacht, welche Gedankenmuster bei Ihnen unweigerlich negative Kettenreaktionen in Gang setzen, wird es Ihnen leichter fallen, diese zu meiden. Dazu gehören:

▶ **Vergleiche:** Mit Sätzen wie »Die andere ist viel attraktiver als ich« oder »Er kann die Aufgabe besser als ich bewältigen« machen wir andere – auf unsere Kosten – besser als sie sind.

▶ **Ängste:** Zu denken, dass etwas »bestimmt nicht gelingen« werde oder dass man es »auf keinen Fall schaffen kann«, führt dazu, dass wir verunsichert werden und unsere Kräfte blockieren, mit deren Hilfe wir uns aus einer (bedrohlichen) Situation normalerweise durchaus selbst befreien könnten.

▶ **Negative Erwartungen:** »Wenn ich es diesmal wieder falsch mache, werde ich meine Arbeitsstelle verlieren« oder »Wenn ich nicht aufpasse, werde ich bestimmt wieder krank werden« – solche Sätze wirken wie Prophezeiungen, die nicht selten zur Folge haben, dass es dann auch genauso kommt, wie man es sich in seinen Ängsten ausgemalt hat.

▶ **Übertreibungen:** Worte wie »nie«, »keiner«, »immer«, »alle« verhindern, dass man sich konstruktiv mit einem Problem auseinandersetzt.

Benutzen Sie stattdessen gedanklich doch lieber Ausdrücke wie »Das kann ich *noch* nicht«, »*Bisher* ist mir das schwer gefallen.«

> »Nie gelingt es mir, Anerkennung zu finden« oder »Immer trifft es mich« oder »Alle meinen, sie könnten mich bevormunden« – bei solchen Gedanken handelt es sich um Übertreibungen, die mit der Wirklichkeit nicht mehr viel zu tun haben.

Negative Glaubenssätze durch positive ersetzen

Sie haben nun »verstanden«, dass es Ihre negativen Glaubenssätze sind, auf die sich Ihre negativen Gedanken und die damit einhergehenden quälenden Empfindungen begründen. Beginnen Sie nun, diese durch positive Glaubenssätze zu ersetzen. Führen Sie folgende Übung mindestens sechs Wochen lang täglich durch – welche Themen Sie den einzelnen Punkten zuordnen und wie Sie diese gestalten, bleibt Ihnen überlassen.

1. Beobachten Sie Ihre Gedanken. In welchen Situationen denken Sie negativ? Auf welchen negativen Glaubenssatz gründet sich der negative Gedanke?

2. Ersetzen Sie den negativen Gedanken durch einen positiven, so z. B. »Das schaffe ich nicht« durch: »So wie ich schon vieles in meinem Leben geschafft habe, so werde ich auch diese Aufgabe bewältigen.«

3. Erinnern bzw. visualisieren Sie schwierige Situationen, die Sie in Ihrem Leben bereits gemeistert haben. Vergegenwärtigen Sie sich diese so lebendig und farbenfroh wie möglich. Wie sind Sie dabei vorgegangen? Welche konkreten Lösungsstrategien haben Ihnen dabei geholfen? Schwelgen Sie in den positiven Gefühlen, die Sie empfanden, als Sie die belastende Situation zu Ihren Gunsten auflösen konnten.

4. Stellen Sie sich vor, wie Sie nun die aktuelle Aufgabe bewältigen und wie zufrieden und glücklich Sie sich fühlen, wenn Sie sie erledigt haben. Lassen Sie Ihrer Phantasie freien Lauf, und erspüren Sie schon jetzt das positive Gefühl, das Sie empfinden werden, wenn Sie diese Aufgabe zu Ihrer Zufriedenheit gelöst haben.

Überlegen Sie gut, ob Sie an einem bestimmten negativen Glaubensgrundsatz noch länger festhalten oder ob Sie sich wirklich von ihm trennen wollen. Manchmal sind wir nämlich noch gar nicht dazu bereit, uns von einer bestimmten negativen Einstellung zu lösen.

Handeln Sie positiv

Positives Denken in positives Handeln umzusetzen, ist nicht schwer – vorausgesetzt, Ihnen ist inzwischen klar geworden, welche negativen Glaubenssätze Sie verinnerlicht haben und wie Sie diese durch positive ersetzen. Beim positiven Handeln geht es vor allem darum, die Wünsche, Vorstellungen und Ziele, die man sich für sich selbst (neu) gesetzt hat, innerhalb eines bestimmten Zeitrahmens auf kürzestem Weg – und natürlich nicht auf Kosten anderer – in die Tat umzusetzen.

Vorteile des positiven Handelns

Positives Handeln erlaubt Ihnen ein eigenständiges, harmonisches, selbstbewusstes, an vielen positiven Erlebnissen und Ereignissen reiches Leben, das Ihnen in jeder Hinsicht gemäß ist. Sie haben mehr Spaß, und Sie fühlen sich nicht ausgeliefert, sondern wissen, dass Sie Mittel kennen und was Sie tun können, um unliebsame Situationen zu ändern. In diesem Sinn ist positives Handeln, wenn man:

▶ Selbstbewusst, aber nicht rücksichtslos seine Interessen vertritt und seine Wünsche, Fähigkeiten und Neigungen zum Maßstab für sein Tun erhebt

▶ Auch dann noch seine Zuversicht behält und nach neuen Lösungen sucht, wenn man auf dem Weg zu seinem Ziel auf Hindernisse stößt

▶ Nein sagt, sobald man merkt, dass man etwas nicht tun will, was ein anderer von einem erwartet

▶ Andere so lässt, wie sie sind, so dass mehr Nähe, Toleranz, Offenheit und Harmonie im Umgang mit anderen entsteht

▶ Die angestrebten Ziele deutlich formuliert und Schritt für Schritt verwirklicht

Man handelt positiv, wenn man das, was man sich wirklich wünscht, aktiv in seinem Leben ausdrückt. Dabei spielt es keine Rolle, wie man sein Handeln in die Wirklichkeit umsetzt, allerdings darf dies nie auf Kosten anderer geschehen.

Die Macht der schlechten Gewohnheiten

Schlecht über sich selbst reden, eifersüchtig sein oder sich mit anderen vergleichen sind ebenfalls schlechte Gewohnheiten, die einem gesunden Selbstbewusstsein im Weg stehen.

Nicht selten tun wir Dinge, die unsere negative Einstellung bestärken, auch wenn uns dies häufig nicht bewusst ist. Also hinterfragen wir unser Handeln auch nicht weiter: Wir sind es gewohnt, dieses oder jenes zu tun, ohne dass offenkundig Schaden dadurch entsteht, also warum es nicht weiter so machen? Die Antwort liegt auf der Hand: Zum einen gibt es eine ganze Reihe von Handlungen und Gewohnheiten, die langfristig sehr wohl negative Folgen für uns haben können. Zum anderen ist es eine weitere Gesetzmäßigkeit, dass alles, was wir im Übermaß tun oder unseren eigentlichen Fähigkeiten und Neigungen zuwiderläuft, unsere negative Einstellung noch verstärkt. Passionierte Raucher werden sich z. B. unbewusst minderwertig fühlen, weil sie sich mit jedem Griff zur Zigarette die negative Selbstbestätigung geben: »Ich kann mein Verlangen – trotz besseren Wissens – nicht beherrschen.«

»So, jetzt brauche ich erst mal eine Zigarette...« Was brauchen Sie wirklich?

Schlechte Gewohnheiten erkennen ...

Es gibt schlechte Gewohnheiten, die in unserer Gesellschaft stark verbreitet sind. Obwohl sie einem gesunden Selbstwertgefühl widersprechen, werden sie kaum ernsthaft auf ihren Nutzen geprüft: Wenn alle es tun, kann es doch so verkehrt nicht sein. Deshalb fällt es auch so schwer, sich diese Verhaltensweisen bewusst zu machen und abzulegen.

Andererseits: So individuell verschieden wir auf bestimmte Krankheiten reagieren, so unterschiedlich können sich auch schlechte Gewohnheiten auswirken. Nicht jeder, der raucht, wird automatisch an Lungenkrebs erkranken. Doch sollte sich jeder Raucher darüber im Klaren sein, dass dieses Risiko grundsätzlich immer besteht. In diesem Sinn kann es auch für jeden von uns negative Folgen haben, wenn wir uns einseitig ernähren, zu viel Alkohol trinken, zu viel Geld ausgeben oder zu viel arbeiten.

Alles, was wir im Übermaß tun, trägt zu unserer negativen Einstellung bei und bestärkt uns in unserem Gefühl, minderwertig zu sein. Sich selbst so zu achten, dass man auch für seinen Körper nur das Beste will, führt automatisch zu einer gesünderen Lebensweise.

... und sie verändern

»Ich weiß, es ist eine schlechte Angewohnheit, aber...« oder »Ich wünschte, ich würde es nicht tun, aber...« oder »Es stimmt, es tut mir nicht gut, aber ...« – wenn auch Sie häufig solche Sätze anführen, ist es an der Zeit, dass Sie sich Ihrer schlechten Gewohnheit stellen; dass Sie sie erkennen, sie akzeptieren und überlegen, was Sie tun können, um sie abzulegen.

Sicherlich wird es nicht ganz einfach sein, Verhaltensweisen und Dinge, die man vielleicht schon jahrelang zu tun pflegt, einfach sein zu lassen. Vor allem dann, wenn sich dahinter ein Suchtverhalten verbirgt, kann es hilfreich sein, sich in eine Psychotherapie zu begeben oder sich einer Selbsthilfegruppe anzuschließen. Was auch immer Sie tun, um sich Ihrer schlechten Gewohnheiten zu entledigen, wichtig ist, dass Sie selbst davon überzeugt sind, dass Ihnen etwas nicht gut tut, und dass Sie den unerschütterlichen Willen haben, sich endgültig davon zu befreien.

Auch Arbeitsbesessenheit kann eine schlechte Gewohnheit sein. Menschen, die zu viel arbeiten, haben häufig Selbstwertprobleme: Sie wollen sich und der Welt beweisen, dass sie wichtig sind. Dabei ist Selbstwert ein Wert an sich, der weder verdient noch bewiesen werden muss.

Schlechte Gewohnheiten ablegen

1. Bekennen Sie sich zu Ihrer schlechten Gewohnheit und dazu, dass es Ihnen schwer fällt, sie aufzugeben.

2. Stellen Sie sich vor, wie Ihr Leben ohne diese Gewohnheit aussehen wird: Welche Nachteile entstehen, wenn Sie sich von ihr verabschiedet haben, und welche Vorteile entstehen Ihnen dadurch?

3. Schreiben Sie nun auf einen Zettel auf, warum Sie fest entschlossen sind, sich von dieser schlechten Gewohnheit zu befreien. Listen Sie die Gründe nach ihrer Bedeutsamkeit auf: den wichtigsten Grund zuerst, den unwichtigsten zuletzt. Nehmen Sie diese Liste immer dann zur Hand, wenn Sie merken, dass es Ihnen jetzt gerade besonders schwer fällt, die schlechte Gewohnheit ruhen zu lassen.

4. Setzen Sie nun einen Tag fest, an dem Sie das erste Mal ohne Ihre schlechte Gewohnheit auskommen wollen.

5. Loben und belohnen Sie sich dafür, wenn es Ihnen gelungen ist, auf sie zu verzichten. Jeder Tag, an dem Sie sich der Macht Ihrer schlechten Gewohnheit entzogen und Ihren eigenen Willen dagegen gehalten haben, ist ein Grund, sich etwas Gutes zu tun.

6. Stellen Sie einen Zeitplan mit Etappenzielen auf, die auch zu erreichen sind. Dies hilft Ihnen durchzuhalten und beweist Ihnen, dass Sie es schaffen können.

7. Achten Sie vor allem darauf, sich zu Beginn realistische Ziele zu setzen.

Aus Fehlern lernen

Zum positiven Handeln gehört auch, zu den eigenen Schwächen zu stehen und aus seinen Fehlern zu lernen. Aus Angst, sich zu blamieren, kritisiert oder zurückgewiesen zu werden, setzen wir jedoch häufig alles daran, Fehler zu vermeiden, und geben nur ungern zu, dass auch wir Schwächen haben. Es sind jedoch unsere Schwächen, aus denen unsere Stärken hervorgehen. Jedes Problem und jeder Konflikt, mit dem wir konfrontiert werden, haben ihren Grund – sonst gäbe es sie nicht.

Nicht selten sind es sogar diese unangenehmen Situationen und Erfahrungen, die uns in unserer Entwicklung haben vorankommen lassen. Je mehr man versucht, Fehler zu vermeiden, desto mehr engt man seinen Handlungsspielraum ein. Anstatt durch Fehler wichtige Erfahrungen zu sammeln, greift man lieber auf alte Bewältigungsstrategien zurück und wird so auf Dauer unfähig, neue Probleme kreativ zu lösen.

Von Kindheit an haben viele gelernt, möglichst perfekt sein zu müssen. So haben diese Menschen schon früh begriffen, dass es besser ist, wenn sie keine Fehler machen und keine Schwachpunkte zeigen.

Frieden mit sich selbst schließen

Machen Sie sich Ihre Schwächen bewusst. Stehen Sie auch vor anderen dazu, dass Sie in bestimmten Bereichen noch nicht so weit sind, wie Sie es gern hätten. Nehmen Sie sich vor, jeden einzelnen Schwachpunkt positiv zu verändern. Wenn Sie einen Fehler machen, verurteilen Sie sich nicht dafür, sondern verzeihen Sie sich, dass er Ihnen unterlaufen ist – morgen machen Sie es anders. Vertrauen Sie Ihrer Fähigkeit, zu lernen und sich zu ändern – dies ist die beste Strategie, mit Fehlern umzugehen. Je nachdem welche Gewohnheiten Sie ablegen wollen, kann es auch hilfreich sein, Ihren Mitmenschen davon zu berichten und sie um Unterstützung zu bitten.

Verzeihen können will gelernt sein

Die Unfähigkeit, anderen zu verzeihen, entsteht oft aus dem Gefühl der Angst, sich selbst als schwach darzustellen oder dem anderen durch die Verzeihung Recht zu geben.

Vergeben können, sei es sich selbst, sei es einem anderen, fällt nur wenigen Menschen leicht. Wut und Enttäuschung, aber auch die Angst, der andere könne denken, man sei schwach, wenn man ihm verzeiht, überlagern das Bedürfnis nach Harmonie und dem damit einhergehenden Impuls zu verzeihen. Gemäß der Gesetzmäßigkeit, dass alles um Sie herum ein Spiegel Ihrer selbst ist, kann es sogar sein, dass die Menschen, die Sie verletzt haben, Ihnen schon allein deshalb nicht mit dem nötigen Respekt begegnen, weil Sie sich selbst nicht genügend Achtung entgegenbringen. Sind Sie z. B. einem anderen böse, weil er Sie kritisiert hat, fragen Sie sich, ob Sie selbst dazu neigen, sich zu kritisieren.

Handeln Sie positiv, indem Sie lernen, Ihre negativen Gefühle loszulassen und zu verzeihen, so dass Sie von jetzt ab frei und in Frieden leben können.

Niemand ist perfekt. Ein überstandener Konflikt stärkt eine Beziehung.

Setzen Sie sich realistische Ziele

Egal, ob es darum geht, eine schlechte Gewohnheit abzulegen, sich selbst und anderen zu verzeihen, oder darum, zu lernen, wie man seinen Wünschen entsprechend positiv handelt, um sich nicht länger fremd bestimmen zu lassen und selbst zu verleugnen –, wichtig ist, dass das Ziel zwar so hoch wie möglich gesetzt wird, doch nur so, wie es die realen Begebenheiten auch tatsächlich erlauben.

Dazu gehört auch, dass Sie sich in Geduld üben: Es gilt, sich Schritt für Schritt dem Ziel zu nähern, und nicht, es über Nacht erzwingen zu wollen. Ebensowenig hilfreich ist es, verkrampft und verbissen ans Werk zu gehen. Lassen Sie sich stattdessen von Ihrem schöpferischen Potenzial und Ihrer Freude am Dasein leiten. Halten Sie für einen Moment inne, wenn Sie spüren, dass der Weg hin zu Ihrem Ziel Sie zu erschöpfen droht. Rufen Sie sich ins Bewusstsein, warum Ihnen dieses Ziel so wichtig ist, und wie glücklich Sie sich fühlen, wenn Sie es erreicht haben.

Respekt vor dem anderen

Positiv zu handeln heißt nicht nur, dass man sich selbst verwirklicht, sondern auch, dass man es nicht auf Kosten anderer tut. Dazu bedarf es eines gesunden Selbstwertgefühls, nicht aber einer egoistischen Haltung. Reich zu werden und einen anderen dafür arm zu machen, ist ebensowenig erstrebenswert wie zu denken: »Ich bin klug, und du bist ein Dummkopf«. Solche Ansätze zeigen nur, dass die Einstellung nicht stimmt. Positives Denken und Handeln heißt, verantwortungsbewusst zu sein und realistisch einzuschätzen, wo die eigenen Möglichkeiten, aber auch die eigenen Grenzen liegen.

Ein Ziel zu verfolgen ist anstrengend. Positives Denken allein nutzt nichts, hier kommt es auch auf positives Handeln an. Wichtig ist, dass das Ziel eine Herausforderung darstellt, die Sie unter Umständen auch mit den Grenzen Ihrer Fähigkeiten in Berührung bringt.

Vorstellungen als innere Kraftquelle

Sie haben nun erfahren, wie wichtig es für eine erfolgreiche und zufriedenstellende Lebensgestaltung ist, positiv zu denken und zu handeln. Doch was ist zu tun, wenn sich bei der Verwirklichung eines positiven Lebenskonzepts Hindernisse in den Weg stellen? Wenn man eigentlich schon einigermaßen geübt ist im positiven Denken und dennoch die negativen Gedanken urplötzlich wieder übermächtig werden? Oder wenn man mit großer Zuversicht begonnen hat, seine selbst gesteckten Ziele zu verwirklichen, das positive Echo jedoch – erst einmal – auszubleiben scheint?

Abgesehen davon, dass ohne ausreichende Geduld kein Ziel erreicht werden kann, gibt es tatsächlich viele Möglichkeiten, wie man sich wieder stabilisieren und zu seiner eigenen Mitte zurückfinden kann. Von unschätzbarem Wert ist hierbei vor allem unsere Vorstellungskraft, die wir jederzeit nutzen können, um uns wieder zu stärken und dafür zu sorgen, dass auch vermeintlich empfindliche Rückschläge uns von unserem einmal eingeschlagenen Weg nicht mehr abbringen können.

Menschen denken viel in Bildern: Wenn Sie an eine Banane denken, erscheint sofort das Bild einer Banane vor Ihren Augen. Diese Bilder besitzen in der Regel einen starken gefühlsmäßigen Wert und veranlassen uns entweder zum Handeln oder zum Nichtstun.

Nutzen Sie Ihre Phantasie

Nutzen Sie Ihre Kreativität und Phantasie als Instrument, das Ihnen hilft, sich positiv zu beeinflussen und mit den Wechselfällen des Lebens selbstverantwortlich umzugehen.

Aktivieren Sie immer wieder Ihre positiven inneren Bilder, wie die liebe Geste eines Freunds oder ein Erfolgserlebnis. Lösen Sie sich von negativen Bildern und kreieren Sie sich neue, die Sie zu positivem Handeln veranlassen.

Sich Wünsche bildhaft vorstellen

Sich dank seiner Vorstellungskraft Bilder von einem positiven Zustand heraufzubeschwören, der vielleicht noch nicht eingetreten ist, auf dessen Erreichen man jedoch voller Elan und Zuversicht sein positives Handeln richtet, ist ein wichtiger Bestandteil des Positiv Trainings.

Im nächsten Kapitel werden Sie mit einigen Techniken vertraut gemacht, die Ihnen dabei helfen sollen, positive Glaubenssätze, die Grundvoraussetzung für positives Denken, Handeln und Fühlen, neu zu formulieren und sie in Ihrem Unterbewusstsein zu verankern. Hierbei spielen (positive) Vorstellungen eine wichtige Rolle: Sich das, was man sich wünscht, bildhaft vorstellen zu können oder das, was man denkt, in positive Worte zu fassen, gelingt nur dann, wenn wir unser schöpferisches Potenzial in uns aktivieren.

Erforschen Sie Ihre innerste Grundeinstellung

Bevor er sich auf den »mentalen Weg zum Erfolg« begibt, sei dem Leser ans Herz gelegt, seine innerste Grundeinstellung noch einmal gründlich zu erforschen:
▶ Will ich die Erfüllung meines Wunschs wirklich?
▶ Sind da vielleicht noch Zweifel daran, dass ich etwas verdient habe, daran, dass mir Gesundheit, Wohlstand, Lebensfreude zustehen?

Das erwünschte Ziel lässt sich erreichen, wenn die Überzeugung vorhanden ist, dass wir die Kraft haben, die gewünschte Realität zu erschaffen.

Die Bereitschaft, das Angestrebte vollständig anzunehmen, führt zu einem echten Erfolg. Sagen Sie sich also: »Ich bin bereit, die Verwirklichung meines Wunschs anzunehmen«.

Wichtig ist, dass wir das, was wir uns vorstellen, auch wirklich wollen. Wenn ein Wunsch, sei er bildhaft oder in Worten, klar zum Ausdruck gebracht wird, wird sich all das verwirklichen, was wir möchten.

Kreative Hilfen zur Selbsthilfe

Ob Affirmationen, Meditation, Visualisierung, Imagination, ob Traumarbeit oder Tagebuchschreiben: All diese Praktiken und Übungen sind wichtige Elemente des Positiv Trainings, die einzeln oder in Kombination angewandt werden können und darauf abzielen, den Selbstdialog zu fördern und sich für Veränderungen zu öffnen. In diesem Sinn ermöglichen sie immer auch den Zugang zu Ihrem Inneren und helfen Ihnen dabei, wieder zu Ihrer Mitte zurückzufinden.

Affirmationen können eine Veränderung nicht über Nacht bewirken. Doch schon bald werden Sie erste Neuerungen in Ihrem Leben feststellen: Sie bekommen Anregungen und viele kleine und große Hilfestellungen.

Selbstbeeinflussung durch Affirmation

Sie haben in diesem Buch schon einige Affirmationen, also positiv formulierte Leitsätze, die zur Änderung von Verhaltensmustern beitragen, kennen gelernt. So wie unsere – positive oder negative – Realität immer von Gedanken geschaffen wird, so können wir mit Hilfe von Affirmationen kreativ und harmonisierend auf die emotionale und geistige Ebene unseres Seins einwirken. Je intensiver wir uns bestimmten Gedanken widmen, desto schneller werden wir sie verwirklichen. Mit Affirmationen können wir einschränkende und negative Glaubenssätze neutralisieren und uns für neue Erfahrungs- und Gefühlsebenen öffnen.

Damit der durch Affirmation zum Ausdruck gebrachte positive Gedanke seine volle Wirkung entfalten kann, empfiehlt es sich, diesen mit positiven Bildern und Gefühlen zu verbinden. Stellen Sie sich das Gefühl vor, das Sie im angestrebten Idealzustand haben werden. Viel-

Atem- und Fitnessübungen bringen Seele und Körper wieder ins Gleichgewicht.

> ## Der Umgang mit Affirmationen
>
> Affirmationen sind positive Sätze über einen selbst oder eine Situation. Sie können laut oder leise vorgesprochen, auf einen Zettel geschrieben, gesungen oder im Kopf wiederholt werden. Welche Themen Sie für Ihre Affirmationen wählen, bleibt Ihnen selbst überlassen – Sie können sich positive Eigenschaften, konkrete Zielsetzungen, Gesundheit, Wohlstand usw. affirmieren. Besonders wirksam ist es, wenn eine Affirmation mindestens vier Wochen lang täglich angewendet wird.

Sie können sich alles Mögliche selbst affirmieren – Ihren Wünschen und Vorstellungen sind tatsächlich keine Grenzen gesetzt. Doch achten Sie darauf, dass Ihre Zielsetzungen sich am Machbaren orientieren: Sich zu wünschen, man würde über Nacht ein Millionär, ist verständlicherweise etwas unrealistisch.

leicht fühlen Sie sich glücklich, zufrieden, stolz, heiter, dynamisch, beschwingt, im Gleichgewicht, erleichtert. Was immer Ihr Gefühl sein mag – schwelgen Sie ohne Scheu in Ihrer Vorstellung darin, denn unser Unterbewusstsein reagiert am stärksten auf Gefühle und Bilder. Die Imagination stellt auch ein gutes Training dar, um negative Leitsätze loszulassen – das Unterbewusstsein »merkt« sich nämlich die positiven Gefühle, die mit einem bestimmten Gedanken verbunden sind.

Wer ruft, der stößt auf Widerhall

Alles, was Sie in Ihr Leben rufen – und mit Affirmationen werden Sie die positiven Eigenschaften anrufen, mit denen Sie Ihr Dasein gern bereichern würden –, all dies wird Ihnen auf die eine oder andere Weise auch begegnen. Wenn Sie Ihrem Unterbewusstsein die Botschaft zuführen: »Ich bin offen für eine Veränderung«, dann beginnen Sie bereits in Ihrem Inneren eine Veränderung einzuleiten – eben jene Voraussetzung, um konkrete Neuerungen schließlich auch in Ihrem Alltag aktiv herbeizuführen.

Affirmationen richtig angewandt

1. Es sind nur positive Sätze wirksam. Negationen werden von der unterbewussten Ebene falsch aufgenommen. »Ich habe keine Angst« heißt für das Unterbewusstsein »Ich habe Angst«. Die richtige Formulierung wäre: »Ich bin voller Mut und Vertrauen«.

2. Auch wenn es sich um ein noch zu erreichendes Ziel handelt, empfiehlt es sich, die Affirmation in der Gegenwart auszudrücken. Anstatt »Ich werde gesund« denken oder sprechen Sie: »Ich bin gesund«.

3. Wichtig bei Affirmationen ist, dass die Sätze möglichst einfach und verständlich sind. Das Unterbewusstsein begreift eine klare, einfache Sprache am besten.

4. Es ist sehr wirkungsvoll, die Affirmation vor dem geistigen Auge in bildhafte Vorstellungen umzusetzen und sich die vollkommenste Erfüllung des Wunschs ganz konkret auszumalen. Das Bild des erreichten Ziels ist eine starke Anregung für das Unterbewusstsein.

5. Ebenso ist es sehr hilfreich, wenn Sie in den positiven Gefühlen schwelgen, die der affirmierte Idealzustand in Ihnen wachruft.

6. Legen Sie Wunschprojektionen nie auf bestimmte Details fest, sondern ziehen Sie z. B. bei dem Wunsch nach einer sinnvollen Tätigkeit verschiedene Wege in Betracht. Unsere Bestimmung ist uns meistens noch so unbekannt, dass wir uns damit selbst Grenzen setzen würden. Die Affirmation »Dies oder etwas Besseres verwirklicht sich für mich« lässt verschiedenen Möglichkeiten genügend Spielraum.

7. Verankern Sie Ihre Affirmation, solange Sie sich im Halbschlaf befinden, also vor dem Aufstehen oder vor dem Einschlafen. Dann ist das Unterbewusstsein am empfänglichsten, neue Botschaften aufzunehmen.

Unsere Realität wird von Gedanken geschaffen. Jeder Manifestation gehen Gedanken voraus – positive oder negative. Je intensiver wir uns bestimmten Gedanken widmen, desto schneller werden sie sich verwirklichen.

Beispiele für Affirmationen

Da nur Sie selbst entscheiden können, welche Affirmation Ihrer aktuellen und künftigen Lebenssituation am besten entspricht, seien hier nur einige allgemeine Beispiele genannt:

Möglicherweise fällt es Ihnen zunächst schwer, sich selbst all diese positiven Eigenschaften zuzusprechen. Sie glauben einfach nicht daran. Das macht überhaupt nichts: Wenn eine Affirmation erst einmal in Ihrem Unterbewusstsein verankert ist, werden Sie nicht länger skeptisch sein.

▶ Ich vertraue meinen intuitiven Fähigkeiten und folge der Stimme meines Herzens.

▶ Ich bin voller Zuversicht.

▶ Ich bin bereit, meine negativen Glaubenssätze endgültig abzulegen.

▶ Alles in meinem Leben entwickelt sich jetzt zu meinem Besten.

▶ Tiefer Friede erfüllt mein ganzes Sein in jedem Augenblick.

▶ Ich bin offen und bereit, meine Bestimmung klar zu sehen und zu verwirklichen.

▶ Ich habe für alles eine Menge Zeit und genieße nun alles, was ich tue.

▶ Ich lasse die Vergangenheit los und bin bereit für eine glückliche Zukunft.

▶ Ich bin es wert, geliebt zu werden.

▶ Ich bin ausgeglichen und ruhe in meiner Mitte.

▶ Mein Herz ist voller Vergebung.

▶ Ich akzeptiere und liebe mich.

▶ Ich bin erfolgreich.

▶ Ich bin attraktiv und begehrenswert.

▶ Ich bekomme jetzt die Wohnung (Arbeit, Beziehung etc.), die ich mir wünsche.

▶ Ich bin glücklich, und ich habe Glück.

▶ Ich bin sicher.

▶ Ich bin bereit, die Verwirklichung meines Wunschs anzunehmen.

▶ Alles wird gut.

Mentale Entspannung durch Visualisierung

Unser Verstand ist sehr erfinderisch, wenn es darum geht, sich negative Zukunftsaussichten auszumalen, die postwendend negative Gefühle wachrufen. Und dass er das tut, ist uns oftmals gar nicht bewusst! Wenn Sie diese Fähigkeit zur bildhaften Vorstellung bzw. Visualisierung für Ihre Wünsche und angestrebten Ziele einsetzen, können Sie sich selbst viele neue Wege eröffnen.

Positive Einstellung mit Hilfe von Bildern

Jeder Mensch ist in der Lage, sich durch die intensive Vorstellung von Bildern positiv zu beeinflussen, zumal bestimmte Bilder immer auch bestimmte Gefühle wecken. So kann eine negativ belastete Gefühlswelt durch Visualisierung nach und nach befreit werden: Ängste lösen sich auf, Wut, Ärger, Trauer und Verbitterung verflüchtigen sich.

Auch in Kombination mit Atem- und Entspannungsübungen bewährt sich die Visualisierung. Daher wird sie gern zur Unterstützung der Selbstheilungskräfte herangezogen.

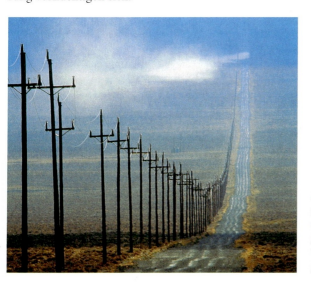

Betrachten Sie dieses Foto. Welche Gefühle ruft es in Ihnen hervor? Was verbinden Sie damit?

Visualisieren Sie nur positive Bilder

Visualisierung (oder Visualisation) kann viel Gutes bewirken – vorausgesetzt, man visualisiert positive Bilder, die wiederum positive Gefühle wachrufen. Ob als Element des Positiv Trainings, als Übung zur mentalen Entspannung oder zu Heilungszwecken: Stellen Sie sich Bilder vor, mit denen Sie positive Empfindungen verbinden, und lassen Sie sich ganz davon erfüllen. Stellen Sie sich jeden Tag für ein paar Minuten das Ziel vor, das Sie erreichen wollen. Malen Sie es sich kraft Ihrer Phantasie so konkret und detailliert wie möglich aus. Lassen Sie Ihren positiven Gefühlen, die sich unweigerlich einstellen werden, freien Lauf, und schwelgen Sie in ihnen. Visualisieren Sie sich dieses schöne Bild so oft wie möglich. Dafür ist es am besten, dass man sich in eine bequeme Haltung begibt und um sich herum absolute Ruhe herrscht. Visualisieren Sie etwa fünf bis maximal zehn Minuten lang. Ihre inneren Bilder sollen Sie nicht erschöpfen, sondern entspannen bzw. anregen.

Wissenschaftliche Untersuchungen haben ergeben, dass Visualisierung eine Harmonisierung der beiden Gehirnhälften bewirkt, indem die rechte Hälfte, die eher für intuitive, kreative Prozesse zuständig ist, durch die Vorstellung von Bildern aktiviert wird.

Sich auf Situationen vorbereiten

Man kann sich auch bevorstehende Ereignisse visualisieren: Wenn Sie z. B. verreisen wollen, stellen Sie sich vor, wie Sie Ihren Koffer packen, wie Sie das Haus verlassen, wie Sie ins Auto oder Flugzeug steigen, wie Sie schließlich Ihren Bestimmungsort erreichen und wie Sie sich dann freuen, behütet und wohlbehalten dort angelangt zu sein.

Wenn Sie vor einem wichtigen Gespräch stehen, visualisieren Sie eine günstige Gesprächssituation, in der es keine Kommunikationsprobleme gibt und in der Sie konzentriert, sachlich und geduldig all das sagen werden, was Sie sagen wollen. Wenn Sie am Abend eine

Einladung haben, visualisieren Sie sich selbst, umgeben von netten, interessanten Menschen, mit denen Sie lebhafte Gespräche führen und mit denen Sie sich rundum wohl fühlen.

Entscheidungshilfe durch Visualisierung

Ähnlich wie bei der Traumarbeit kann man sich mittels Visualisierung eine Situation schaffen, in der man – dank seiner Intuition – Anleitung, Hilfestellungen und Bestätigung erhält. Dies ist besonders hilfreich, wenn man vor einer Entscheidung steht oder noch nicht genau weiß, wie man ein Problem lösen soll.

Visualisieren Sie Lösungen

Nachdem Sie eine entspannte Haltung eingenommen haben, stellen Sie sich z. B. Folgendes vor: Sie gehen eine gerade Straße entlang. Die Umgebung ist schön und friedlich, und Sie befinden sich allein auf dieser Straße. Sie fühlen sich positiv gestimmt, beschwingt und heiter.

Schon bald stoßen Sie auf ein einladend aussehendes Haus, das am Wegrand steht. Die Eingangstür ist offen, und Sie gehen voller Zutrauen in das Haus hinein. Vom hell erleuchteten Entrée gehen mehrere Zimmer ab, deren Türen alle geschlossen sind. Sie öffnen eine dieser Türen und sehen in einem behaglich eingerichteten Zimmer eine Person stehen, die bereits auf Sie gewartet hat.

Nachdem Sie sich herzlich begrüßt haben, beginnen Sie ein Gespräch mit dieser Person genau über das Thema, das Sie derzeit beschäftigt. Vielleicht erörtern Sie mit ihr Pro und Kontra Ihrer möglichen Entscheidungen, vielleicht schildern Sie ihr aber auch nur Ihr Problem und erklären, weshalb es Ihnen so viel Mühe bereitet, damit

Auch Auseinandersetzungen kann man mit Hilfe einer Visualisierung noch zu einem guten Ende führen. Stellen Sie sich vor, wie Sie und die Person, mit der Sie gestritten haben, in Eintracht und Harmonie auf einer Bank in einem schönen Garten sitzen und entspannt miteinander sprechen.

umzugehen. Verweilen Sie bei diesem Gespräch so lange, bis Sie das Gefühl haben, alles sei gesagt und erörtert worden. Bedanken Sie sich bei der Person für ihr Zuhören und ihre guten Ratschläge, und verlassen Sie dann das Zimmer. Gehen Sie genau denselben Weg zurück, den Sie gekommen sind, und kehren Sie in Ihrer Phantasie zu dem Platz zurück, an dem Sie sich in der Realität gerade befinden.

Vielleicht brauchen Sie noch weitere Klärung, vielleicht ist Ihnen noch etwas eingefallen, das Sie bei dieser Visualisierung nicht eingebracht haben. Sie können jederzeit zurück in dieses Zimmer gehen und das Gespräch wieder aufnehmen. Gehen Sie einfach denselben Weg dorthin wie beim ersten Mal.

Sie können während der Visualisierung auch beruhigende, entspannende Musik hören. Dadurch machen Sie Ihr Unterbewusstsein für die affirmativen Vorstellungen empfänglicher.

Lassen Sie sich Zeit

Lassen Sie sich Zeit, die Erfahrung wirken zu lassen, bevor Sie behutsam wieder zur Wirklichkeit zurückkehren. Bewegen Sie Ihre Füße, und reiben Sie Ihre Hände aneinander. Schreiben Sie sich Ihr Erlebnis anschließend so exakt wie möglich auf. Alles, was Sie gesehen und erfahren haben, könnte wichtige Hinweise für Sie enthalten.

Ein blühende Wiese lässt Freude aufkommen

Es ist im Grund egal, ob Sie sich einen wunderschönen Garten, eine blühende Wiese, das Meer, die Berge oder eine bestimmte Situation vorstellen. Es ist auch gleichgültig, ob Sie dieses Gespräch mit einer Ihnen nahe stehenden Person oder einem Fremden führen – welche Bilder Sie visualisieren, bleibt Ihnen überlassen. Je nachdem, was Sie gerade benötigen, um wieder zu Ihrer Mitte zu finden, oder welcher Wunsch Ihnen wichtig ist, können Sie die Wahl Ihrer Bilder beliebig variieren.

Übung zur mentalen Entspannung

Folgende Übung sollte mindestens fünf und maximal zehn Minuten dauern:

1. Setzen Sie sich mit aufrechter Wirbelsäule entspannt auf einen bequemen Stuhl, oder legen Sie sich, den Nacken durch ein Kissen gut gestützt, hin. Schließen Sie die Augen, und atmen Sie durch die Nase ganz bewusst tief ein und aus.

2. Gehen Sie langsam zur Bauchatmung über; zur Unterstützung können Sie auch eine Hand auf Ihren Bauch legen und spüren, wie sich Ihre Bauchdecke beim Ein- und Ausatmen hebt und senkt.

3. Konzentrieren Sie sich nun ganz auf das Ein- und Ausatmen.

4. Stellen Sie sich beim Ausatmen vor, dass Sie alle störenden Gedanken, alle negativen Empfindungen ausatmen, dass diese Ihren Körper einfach als dunkelfarbige Flüssigkeit verlassen, die Sie nun mit jedem Ausatmen vollständig nach außen abgeben: durch den Kopf, die Nase, die Ohren, den Hals, die Schulterblätter, Arme und Hände, durch die Fingerspitzen, die Brust und den Rücken, durch das Becken, die Oberschenkel, Knie, Waden, Füße und Zehenspitzen.

5. Wenn Sie spüren, dass Sie die Flüssigkeit vollständig ausgeatmet haben, atmen Sie noch zwei- bis dreimal tief durch, dehnen und strecken Sie Ihre Glieder, und öffnen Sie dann die Augen.

6. Nun können Sie entspannt eine Affirmation sprechen, in einem Tagebuch Ihren Gedanken und Gefühlen freien Lauf lassen oder etwas anderes tun, das Ihnen jetzt gut tut. Lassen Sie Ihre Empfindungen ausklingen, und gehen Sie allmählich wieder zu anderen Tätigkeiten über.

Die nebenstehende Übung können Sie immer dann anwenden, wenn Sie sich mental entspannen wollen. Sie können aber auch eine ganz andere Visualisierung durchführen: Ein kurzer Spaziergang auf einem friedvollen Platz oder an einem verlassenen Strand. Welche Bilder auf Sie entspannend wirken, wissen nur Sie selbst.

Durch Meditation zur Erkenntnis

Das Wort »Meditation« kommt ursprünglich aus dem Lateinischen und heißt: »in die eigene Mitte kommen«. Damit ist gemeint, sein inneres Gleichgewicht zu finden.

Meditative Übungen der Versenkung und Betrachtung haben eine lange (religiöse) Tradition. Dabei haben die bekanntesten Meditationsformen ihren Ursprung im Osten, hierbei vor allem im Hinduismus und Buddhismus: Sie helfen dem Gläubigen, sich selbst und seinem Wesenskern nahe zu kommen.

Spirituelle und konzentrative Meditation

Heutzutage wird eine Vielzahl unterschiedlicher Meditationstechniken und -methoden angeboten. In einer groben Einteilung kann man grundsätzlich zwei Meditationsarten unterscheiden: die spirituelle und die konzentrative Meditation. Während die spirituelle Meditation immer einen religiösen Bezug hat, zielt die konzentrative Meditation auf eine Harmonisierung von Körper, Geist und Seele.

Die Meditation ist eines der Kernstücke der jahrhundertealten asiatischen Lebensphilosophien.

Die innere Einkehr

Egal, für welche Meditationstechnik man sich entscheidet – Meditation ist ein gutes Mittel, um zu entspannen und innere Einkehr zu halten, damit man sich wieder auf das Wesentliche konzentrieren kann. Es geht darum, sich für eine Weile von äußeren Sinneswahrnehmungen zurückzuziehen und so in einen Zustand entspannter Aufmerksamkeit und höchster Konzentration, jedoch ohne geistige Anspannung zu kommen. Auf diese Weise wird eine Distanz zu den Dingen hergestellt, die es ermöglicht, negative Gedanken und Gefühle loszulassen, die einem zu schaffen machen und daran hindern, sich auf sich selbst und sein schöpferisches Potenzial zu besinnen. Zu lernen, wie man in sich selbst ruht, ist in allen Lebenslagen sehr hilfreich.

Selbst-Bewusstein durch Meditation

Meditation ist im Prinzip ganz einfach und überall durchzuführen. Voraussetzung ist, dass es Ihnen gelingt, Ihre Gedanken und Gefühle so weit unter Kontrolle zu bringen, dass Körper und Geist sich vollständig entspannen können. Aufsteigende Gedanken und Gefühle werden registriert, aber nicht weiter beachtet. Vielen Menschen fällt es allerdings – zunächst – schwer, die ständigen Gedankenströme zu stoppen und sich von ihren Sorgen und Nöten freizumachen. Gerade für das Positiv Training ist es jedoch eine wunderbare Ausgangsposition, wenn man mit Hilfe der Meditation lernt, in die Stille zu kommen. Dies gibt Kraft und Selbstvertrauen. Zugleich wird man sich immer deutlicher seiner selbst bewusst: welche Möglichkeiten man in sich trägt und was für einen selbst wirklich wichtig ist. Durch die Meditation können Ängste, Konflikte, Aggressionen

Menschen, die regelmäßig meditieren, halten die Meditation für eine unübertroffene Methode zur Selbsthilfe in den verschiedensten Lebenssituationen. Es muss jedoch gelingen, die ganze Konzentration darauf zu richten, Gedanken und Gefühle loszulassen, um den Körper und den Geist völlig zu entspannen.

und Trauer abgebaut, Denk- und Handlungsmuster überprüft werden. Menschen, die chronisch unter Stress stehen, gelangen durch Meditation zu einer mentalen und körperlichen Entspannung, wodurch die blockierte Lebensenergie wieder zum Fließen kommt und man sich wieder freier und gelassener fühlt.

Damit Meditationsübungen ihre entspannende Wirkung entfalten können, müssen Sie von vornherein für ein entsprechendes Umfeld sorgen. Schalten Sie Radio und Fernseher ab, nehmen Sie den Telefonhörer von der Gabel, und suchen Sie sich einen Platz, an dem Sie sich ungestört ausstrecken können.

Der Fluss des Atems

Es spielt keine Rolle, ob Sie im Sitzen, Liegen, Stehen oder Gehen meditieren. Für Anfänger empfiehlt sich jedoch die Liegeposition – vielen fällt es auf diese Weise leichter, sich zu konzentrieren und die einzelnen Körperpartien zu entspannen. Auch der Wahl der Technik sind keine Grenzen gesetzt. So kann man beispielsweise den Fluss des Atems beobachten, wobei man bei gedanklicher Ablenkung immer wieder zur Beobachtung des Atems zurückkehrt. Dabei konzentriert man sich auf einen Körperpunkt unterhalb des Bauchnabels (Hara), wohin der Atem gelenkt wird.

Manche Meditationsformen bedienen sich der Betrachtung spezieller Bilder (Mandalas) oder der Konzentration auf eine flackernde Kerze. Auch Visualisierungen, Affirmationen und einzelne Wort- oder Silbenfolgen eignen sich gut, um in einen meditativen Zustand zu gelangen. Meditation entfaltet ihre Wirkung jedoch nur, wenn sie regelmäßig, am besten morgens, für mindestens eine halbe Stunde durchgeführt wird.

Allerdings ist ein meditativer Zustand von Trance oder Tagträumen zu unterscheiden. Es geht nicht darum, sich in Gedanken zu verlieren – auch wenn es sich dabei um schöne Vorstellungen handelt –, sondern darum, die geistige Sammlung zu schulen. Nur wenn die Konzentration aufrecht erhalten bleibt, sich aber vom Gedankenstrom löst, sind tiefere Einsichten möglich.

Konzentrieren Sie sich auf Ihren Atem

Bei der folgenden Übung steht die Konzentration auf den Atem im Mittelpunkt:

▶ Schließen Sie die Augen, oder richten Sie den Blick ins Leere, ohne etwas Bestimmtes anzusehen.

▶ Entspannen Sie nun – vom Kopf aus – bewusst die einzelnen Körperpartien. Beginnen Sie mit der Stirn, wobei Sie versuchen sollten, während des Einatmens die dadurch verursachte Spannung zu erspüren. Beim Ausatmen wird die Spannung wieder aus dem Körper herausgelassen. Wandern Sie nun Schritt für Schritt Ihren Körper entlang bis hinunter zu den Füßen: über Schultern, Brust, Arme, Rücken, Bauch, Becken, Oberschenkel, Waden bis zu den Füßen.

▶ Diese einstimmende Körperentspannungsreise kann bis zu zehn Minuten dauern.

▶ Nun richten Sie während des Meditierens Ihre ganze Aufmerksamkeit auf Ihren Atem. Zu Beginn ist es jedoch ratsam, ihn nicht zu kontrollieren. Verhalten Sie sich eher wie ein passiver Beobachter, und lassen Sie das Atmen einfach geschehen. Bereits nach kurzer Zeit werden Sie ohnehin langsam und tief ein- und ausatmen. Dies ist ein Ausdruck der zunehmenden Entspannung des Körpers und aller Körperfunktionen.

▶ Erspüren Sie den Rhythmus Ihres Atems: das Einatmen, das Ausatmen. Richten Sie Ihre ganze Aufmerksamkeit dabei zunächst auf das Einatmen und dann auf das Ausatmen. Hilfreich ist, wenn Sie den Vorgang des Atmens, der sich durch das Heben und Senken der Bauchdecke ja auch körperlich ausdrückt, so plastisch wie möglich erspüren.

▶ Achten Sie darauf, nicht wegzudösen, sondern bleiben Sie geistig wach.

Meditation wirkt sich positiv auf die einzelnen Funktionen der Organe, auf den Kreislauf und die Stoffwechselprozesse des Körpers aus. Zugleich beeinflusst die entspannende Wirkung der Meditation langfristig den Biorhythmus.

Die Kontrolle der Konzentration

Die konzentrative Einstellung auf die Atmung ist eine einfache, aber durchaus wirksame Methode, meditative Aufmerksamkeit zu erlernen. Allerdings wird es Ihnen vermutlich am Anfang nicht ganz leicht fallen, Ihre Konzentration zu kontrollieren. Es kann sein, dass Sie in der ersten Zeit immer wieder das Meditationsobjekt, das bei dieser Übung der Atem ist, wieder verlieren und auf Nebenobjekte abschweifen (Außengeräusche, Körperempfindungen, Gedanken und Gefühle etc.).

Die während der Meditation einsetzende körperliche Entspannung wird immer auch als psychische Gelöstheit wahrgenommen, so dass durch das Erspüren des Körpers zugleich das Bewusstsein für Gedanken- und Gefühlsblockaden bzw. für deren allmähliche Auflösung geweckt wird.

Lernen Sie, sich zu zentrieren

Es ist gut möglich, dass Sie während der Übung sogar einschlafen. Deshalb ist es notwendig, sich während des Meditierens immer wieder neu auf das Meditationsobjekt einzustellen und sich auf diese Weise zu zentrieren. Dabei akzeptieren Sie die sich aufdrängenden Gedanken und Gefühle, ohne jedoch weiter auf sie einzugehen. Es geht darum, zumindest für die Dauer der Meditation zu einer völlig gedanken- und gefühlsneutralen Einstellung eines vollständig passiven Beobachters zu gelangen – und auf diese Weise allmählich die Kunst zu lernen, sich so zu akzeptieren, wie man ist, und sich nicht länger von negativen Gedanken und Gefühlen bestimmen zu lassen.

Vorteile des Meditierens

Durch konzentrative Beobachtung, wie sie während der Meditation praktiziert wird, lernt man, die Spannungs- und Entspannungszustände des Körpers und des Geistes besser wahrzunehmen. Blockaden werden bewusst gemacht und können nach und nach aufgelöst werden.

Das sollten Sie beim Meditieren beachten

Für das Erlernen der Meditation und ihrer erfolgreichen Anwendung sind einige einfache Regeln nützlich, die für fast alle Meditationsmethoden Gültigkeit haben.

1. Um schon bald erfolgreich meditieren zu können, ist es sinnvoll, dafür eine tägliche Übungszeit von mindestens 30 Minuten einzuplanen. Dieser Zeitplan sollte konsequent eingehalten werden, weil sich die Fortschritte bei der Meditation erst allmählich einstellen und nicht schon nach den ersten Übungen.

2. Es empfiehlt sich darauf zu achten, dass zwischen der letzten Mahlzeit und der Meditation mindestens 30 Minuten liegen. Außerdem wird während dieser Zeit nichts getrunken. Am besten eignet sich die Zeit unmittelbar nach dem Aufwachen und etwa eine halbe Stunde vor dem Frühstück. Doch man kann natürlich auch am Abend oder zu einem anderen Zeitpunkt meditieren.

3. Der für die Meditation gewählte Ort ist vor allem für Anfänger sehr wichtig (später kann man praktisch überall dort meditieren, wo man sich gerade befindet). Es genügt schon eine ruhige, gemütliche Ecke oder das Bett in den eigenen vier Wänden. Hauptsache, man ist dort ungestört und wird nicht durch Außengeräusche abgelenkt.

4. Was die Körperhaltung bei der Meditation betrifft, kann man einfach ausprobieren, welche einem besonders zusagt. Anfänger fühlen sich meistens im Liegen besonders wohl (allerdings besteht hier die Gefahr einzuschlafen). Oft werden der Fersensitz, aber auch der Lotussitz oder der Schneidersitz praktiziert.

Wichtig dabei ist, dass Sie das Becken und den unteren Rücken gerade halten, die Schultern entspannen und den Kopf nicht hängen lassen.

Zwar ist Meditation – im Gegensatz etwa zu Affirmationen und Visualisierungen – relativ zeitaufwändig, doch jeder, der sich auf diese Form des Zu-sich-selbst-Findens einlässt, wird schon bald spüren, wie viel besser es ihm geht.

Stressabbau durch Entspannung

Körperliche und geistige Entspannung ist ein wichtiger Teilaspekt des Positiv Trainings. Stehen wir unter Druck oder machen uns Muskelverspannungen und andere (stressbedingte) Einschränkungen unserer Körperfunktionen zu schaffen, gelingt es uns nur schwer, kontinuierlich an der Auflösung der Blockaden unserer Lebensenergie zu arbeiten, negative Glaubenssätze in positive umzuwandeln und überhaupt offen zu sein für positives Denken, Handeln und Fühlen. Es gibt eine ganze Reihe von Entspannungstechniken, mit deren Hilfe man An- und Verspannungen so weit abbauen kann, dass man wieder Kraft und Muße hat, sich mental auf das Positiv Training einzulassen. Im Folgenden erhalten Sie einen Überblick über anerkannte Maßnahmen, Stress abzubauen und Körper und Seele wieder in einen harmonischen Einklang zu bringen.

Anspannung und Entspannung – diese Gegensätze sollten sich die Waage halten. In unserer hektischen Zeit werden gezielte Entspannungstechniken immer wichtiger.

Versuchen Sie, einige einfache, schnelle Entspannungsübungen fest in Ihren Tagesablauf einzubauen. Reservieren Sie sich jeden Tag zehn Minuten nur für Ihr persönliches Wohlbefinden.

Entspannung auf allen Ebenen

Wenngleich es beim Positiv Training – zumindest auf den ersten Blick – vor allem darum geht, auf der mentalen Ebene positive Veränderungen herbeizuführen, ist es sehr hilfreich, wenn man weiß, wie man auf der körperlichen Ebene Verspannungen und Verkrampfungen abbauen bzw. vorbeugen kann. Abgesehen davon, dass das Positiv Training grundsätzlich darauf abzielt, ganzheitlich zu wirken, wird körperliche Entspannung immer auch als psychische Gelöstheit wahrgenommen, so dass durch das Erspüren des Körpers zugleich das Bewusstsein für Gedanken- und Gefühlsblockaden bzw. für deren allmähliche Auflösung geweckt wird. Hinzu kommt, dass es schon einen positiven Wert an sich hat, wenn man sich regelmäßig Zeit nimmt, um etwas für sich und sein seelisches und körperliches Wohlbefinden zu tun. Und schließlich: Menschen, die regelmäßig Entspannungsübungen durchführen, sind weniger häufig krank und haben generell eine positivere Einstellung zu ihrem Leben.

Entspannungstechniken auf einen Blick

Die folgenden (autosuggestiven) Entspannungstechniken können Sie für sich allein oder in einer Gruppe durchführen. Wenn Sie die Übungen lieber zu Hause praktizieren wollen, empfiehlt es sich bei allen genannten Techniken jedoch, einen (Anfänger-)Kurs zu absolvieren, der von ausgebildeten und erfahrenen Fachkräften geleitet wird, damit man die einzelnen Übungen Schritt für Schritt lernt, ohne dass sich Fehler einschleichen. Sobald Sie die Methode erlernt haben, können Sie zu Hause allein weiterüben – es sei denn, Sie fühlen sich in einer Gruppe wohler.

Manche Menschen können sich am besten entspannen, wenn sie aktiv Sport betreiben. Der Vorteil der eher ruhigen Entspannungstechniken ist jedoch, dass man seinen Blick unweigerlich nach innen wendet und damit die Chance hat, viel über sich selbst zu erfahren.

Yoga – eine Variante der Meditation

Als eine Variante der Meditation ist Yoga als ganzheitliches Übungsprogramm zu verstehen. So trägt es einerseits dazu bei, Fehlhaltungen des Körpers zu korrigieren und andererseits durch gezielte Atemübungen eine »falsche« Atmung zu vermeiden. Auf der psychischen Ebene unterstützt Yoga – wie Affirmationen, Visualisierungen und Meditationsübungen – die Selbsterfahrung und trägt damit zu innerer Harmonie und seelischer Ausgeglichenheit bei.

Yoga ist nicht mit einem Fitnessprogramm zu verwechseln. Mit sanften Übungen zielt Yoga in erster Linie auf körperliche Entspannung und seelische Ausgeglichenheit, so dass man schon bald (wieder) besser in der Lage ist, sich an den positiven Dingen des Lebens zu erfreuen.

Yoga ist ein wichtiger Teil hinduistischer Religionsausübung und wird schon seit Jahrtausenden praktiziert. Mit seinen insgesamt acht Stufen und über 300 Übungen (wovon jedoch nur 30 hierzulande gebräuchlich sind) erfordert die Beherrschung der einzelnen Yogaübungen oft eine jahrelange Praxis. Man kann sich aber auch auf die ersten vier Stufen (Selbsterfahrung, leichtere Körper- und Atemübungen, Konzentrationsübungen) beschränken und dadurch lernen, seine inneren Kräfte zu aktivieren.

▶ Yoga trägt – wie die Meditation – dazu bei, dass man selbstbewusster wird und lernt, in sich selbst zu ruhen.

Autogenes Training

Autogenes Training vermittelt die Fähigkeit, sich konzentriert zu entspannen. Das autogene Training nach Johannes Heinrich Schultz (1884–1970), das erstmals 1932 vorgestellt wurde, zielt darauf ab, durch die ruhige und konzentrierte Vorstellung von Körperempfindungen – vor allem angenehmer Schwere und Wärme – einen tiefen Entspannungszustand zu erreichen. Dies geschieht durch eine Art Selbsthypnose, die durch gedankliche Wiederholung von bestimmten Sprachformeln erfolgt.

Die Formeln beziehen sich direkt auf die einzelnen Funktionen des Körpers und sollen so auch die Körpersteuerung durch das vegetative Nervensystem beeinflussen. Es können auch Formeln hinzugefügt werden, die sich auf individuelle Lebensziele beziehen. Sechs Grundübungen sind die Basis des autogenen Trainings und sprechen die Bereiche Schwere, Wärme, Atemberuhigung, Herzberuhigung, Leibwärme (Sonnengeflecht) und Stirnkühle an. Im autogenen Training arbeitet man auch mit Leitsätzen, aber mit positiven Affirmationen.

▶ Wenn das autogene Training regelmäßig ausgeübt wird, werden sich schon bald erste Erfolge einstellen: Man findet zu einer größeren Gelassenheit, Ängste und Anspannungen lösen sich auf, und man kann sich allgemein besser konzentrieren.

Aufgrund der Tiefenentspannung durch das autogene Training wird die Durchblutung von Organen und Geweben angeregt, die Atmung wird ruhiger und tiefer, und der Puls verlangsamt sich.

Progressive Muskelrelaxation nach Jacobson

Die progressive Muskelrelaxation (PMR) nach Edmund Jacobson (1885–1976) wurde in den zwanziger Jahren entwickelt und wird auch Tiefmuskel-Entspannungstraining (TE) genannt. Dabei handelt es sich um eine Methode, die zur Entkrampfung von verspannten Muskeln angewandt wird. So, wie Angst und Stress zu einer Verkrampfung der Muskulatur führen, werden umgekehrt durch die Lösung dieser Verkrampfungen seelische Spannungen verringert.

Während des Trainings werden von der Hand bis zu den Zehen nacheinander alle Muskelpartien des Körpers angespannt und entspannt. Dabei sorgt die kräftige Anspannung für eine verstärkte Durchblutung der Muskeln; dieser Zustand wird in der Entspannungsphase als fließende Wärme und angenehme Schwere empfunden. Mit fortschreitender Übungsdauer kann sich der Körper auf Befehl entspannen.

Die progressive Muskelrelaxation nach Jacobson ist leicht zu erlernen und kann jederzeit ohne großen Aufwand auch im Alltag angewandt werden.

▶ Weil sich die Übungen auch als Kurzform und in unauffälliger Weise durchführen lassen, hat sich PMR während akuter Stresssituationen bewährt.

Selbsthypnose

Seit der englische Arzt James Braid (1795–1860) die Mechanismen der Suggestionen erkannte, ist die Hypnose, und seit einigen Jahren auch die Selbsthypnose, eine anerkannte Methode in Medizin und Psychotherapie. Die Hypnose ist ein spezieller Wachzustand (Trance), bei dem sich Denken, Vorstellen und Fühlen auf die Innenwelt konzentrieren.

Gewisse Formen von Trancezuständen sind uns aus dem Alltag bekannt: Wenn die Welt regelrecht »versinkt«, etwa wenn man ein spannendes Buch liest oder einen »Tagtraum« erlebt, dann liegt bereits eine Form der Autosuggestion vor. Im hypnotischen Zustand steigt die Bereitschaft, Suggestionen anzunehmen: Das logisch-kritische Urteil tritt in den Hintergrund, so dass neue Informationen direkt vom Unterbewusstsein aufgenommen und kreativ verarbeitet werden. Hierbei werden z. B. mit monotoner Stimme einfache formelhafte Sätze wiederholt.

Wichtig ist, dass eine Sitzung immer mit einer gezielten Anleitung zur Auflösung der Trance beendet wird. Selbsthypnose kann man im Sitzen oder Liegen durchführen. Um in den Trancezustand zu kommen, konzentriert man sich – am besten mit geschlossenen Augen – auf einen bestimmten Satz (z. B. eine Affirmation) oder auf ein Außengeräusch (z. B. das Ticken einer Uhr). Es folgt eine »Gedankenreise«: Man beginnt, gedanklich umherzuschweifen oder über seine Affirmation zu sinnieren, wodurch man sich allmählich sanft von der Außenwahrnehmung löst.

▶ Mit Selbsthypnose kann man sich auch gut auf eine Prüfung oder ein Vorstellungsgespräch vorbereiten. Verwandte Methoden, z. B. Sprachen während des Schlafens zu erlernen, indem man Sprachkassetten abspielt, gehen ebenfalls auf die Selbsthypnose zurück.

Setzen Sie sich nicht unter (Leistungs-)Druck

Für welche Entspannungs- bzw. Suggestionstechnik Sie sich auch entscheiden – wichtig ist, dass Sie diese anwenden, um sich besser zu fühlen und (wieder) zu Ihrer Mitte zu finden. Verbissenheit oder Leistungsdruck sind hier völlig fehl am Platz: Verausgaben Sie sich nicht, und überschreiten Sie Ihre Grenzen nicht. Es gilt, nur das zu tun, was man auch wirklich will. Wenn Sie einmal nicht in Stimmung sind, Ihre Übung durchzuführen, lassen Sie es einfach bleiben. Allerdings stellen sich Erfolge nur dann ein, wenn Sie regelmäßig üben. Betrachten Sie die Übungen spielerisch.

Hypnose wird von vielen mit einem Zustand der Willenlosigkeit gleichgesetzt und löst Misstrauen aus. Das Gehirn ist aber gerade im Trancezustand hoch aktiv, und auch der freie Wille ist keineswegs außer Kraft gesetzt.

Omas Schaukelstuhl: immer noch unschlagbar, um Ruhe und Geborgenheit zu genießen.

Pflegen Sie den Selbstdialog

Nachdem auf den letzten Seiten viel die Rede davon war, wie Sie auch Ihren Körper in das Positiv Training mit einbeziehen können, soll nun ein weiterer wichtiger Bereich besprochen werden, der ein Kernstück der Übung ist und allzuoft vernachlässigt wird: der Dialog mit sich selbst.

Stoßen Sie zu Ihrem Wesenskern vor

Es gibt viele Arten, mit sich selbst in Kontakt zu treten. Abgesehen davon, dass wir eine Menge über uns selbst erfahren, ist das Schöne am Selbstdialog, dass wir dabei immer kreativ sind.

Für manche Menschen ist es ein Hobby, das sie an ihren Wesenskern führt, für andere ist es das pure Nichtstun. Wieder andere pflegen das Selbstgespräch, indem sie mit ihren Träumen arbeiten, Tagebuch schreiben oder ihre Gedanken und Gefühle in Malereien und Zeichnungen ausdrücken. Die Wahl der Übung ist eine Typfrage: Wer z. B. lieber Tagebuch schreibt als malt, ist eher reflektiv veranlagt.

Bereits im Kapitel über die Traumarbeit wurde deutlich, wie produktiv und wegweisend es sein kann, Kontakt mit den tieferen Ebenen des Bewusstseins aufzunehmen und zu lernen, auf seine Intuition zu hören, weil unsere innere Stimme uns nämlich wertvolle Hinweise zur Bewältigung von Krisen, Problemen und Konflikten geben kann.

Wenn es gelingt, eine Brücke zu tief verborgenen Empfindungen zu schlagen und sie sich auf diese Weise bewusst zu machen, haben wir die Möglichkeit, sie – wenn nötig – zu verändern, oder aber sie zu nutzen, um notwendige Veränderungen einzuleiten.

Egal, ob Sie Rosen züchten, Aquarelle zeichnen, sich mit fremden Kulturen beschäftigen oder Tagebuch schreiben: Solange Sie das Gefühl haben, bei sich zu sein, weil Ihnen das, was Sie tun, auch wirklich Spaß macht, stehen Sie praktisch immer im Kontakt mit sich selbst.

Tagebuch – immer bereit für ein Gespräch

Eine denkbar einfache Methode, den Selbstdialog zu pflegen, ist das Tagebuchschreiben. Mit sich selbst über das Schreiben zu kommunizieren, sich selbst ungeteilte Aufmerksamkeit zu schenken, ist ein in jeder Hinsicht kreativer und überaus bereichernder Prozess: Hier kommen Sie zu Wort, ohne dass ein anderer Sie unterbricht oder wieder von Ihren Gedanken wegführt. Hier treffen Sie immer auf einen interessierten Zuhörer, der Sie mühelos versteht und bereit ist, sich auf jeden Ihrer Gedankengänge einzulassen: Sie selbst. Hier lassen sich kurzfristige Perspektiven und Lösungen erschließen, auch wenn sie auf den ersten Blick noch so verwegen erscheinen, und hier lassen sich weit reichende Gedanken- und Planspiele entwickeln, von denen man noch nicht weiß, ob sie in der Realität Bestand haben werden.

Papier ist geduldig

Das Tagebuch ist geduldig: Ihm können Sie getrost Ihre Sorgen, Nöte und Ängste, Ihre Wut, Frustrationen und Trauer, aber auch Ihren Stolz, Ihre Freude und Ihre Zufriedenheit anvertrauen. Kuriose und aufwühlende Ereignisse, banale Alltagssituationen und (vermeintlich) unbedeutende Begebenheiten, Erinnerungen, neue Erkenntnisse, zu erwartende Zukunftsaussichten – der Themenvielfalt sind keine Grenzen gesetzt. Sie brauchen sich nicht zu verstellen, sondern können hemmungslos in dem schwelgen, was Sie gerade intensiv beschäftigt. Sie können über andere lästern und ohne Scheu Ihre eigenen Fähigkeiten dagegenhalten. Und in Ihrem Tagebuch können Sie vor allem Ihre geheimen Wünsche, Bedürfnisse, Vorstellungen und Ziele das erste Mal formulieren und sich damit vielleicht manches

Außer ein wenig Zeit braucht man zum Tagebuchschreiben eigentlich nur Stift und Heft. Achten Sie jedoch darauf, dass Ihnen Form und Qualität des Tagebuchs zusagen, denn Sie wollen doch mit Genuss und Freude Ihre innersten Gedanken darin verewigen.

bewusst machen, von dem Sie vorher keine Ahnung hatten. In diesem Sinn bewirkt Tagebuch schreiben immer eine Klärung der Gedanken und ist Reinigung der Seele und Aufmunterung zugleich.

Keine billige Nabelschau

Vermutlich werden Sie jetzt einige Einwände erheben, denn tatsächlich ist das Tagebuchschreiben – als eine wunderbare Möglichkeit zum offenen Zwiegespräch mit sich selbst – noch längst nicht so weit verbreitet, wie es sein sollte. Zu den häufigsten Gegenargumenten gehört: Man habe nicht genügend Zeit; man schreibe nicht gern und nicht gut genug; man betreibe nicht gern Nabelschau und überhaupt, man lehne derart selbstbezogene Praktiken eigentlich prinzipiell ab.

Auf die innere Einstellung kommt es an

An all den Einwänden mag etwas Wahres dran sein. Aber, und dies gilt praktisch für jeden Satz, der in diesem Buch steht: Wie bei allen Anregungen zur Selbsthilfe so kommt es allein auf Sie selbst an, ob Sie bereit sind, den Empfehlungen zu folgen bzw. sie in die Tat umzusetzen oder nicht. In Bezug auf das Tagebuchschreiben heißt das: Wenn Sie das, was Sie niederschreiben, dazu nutzen, um bewusster und selbstverantwortlicher zu werden, wird diese Art der Auseinandersetzung mit sich selbst für Ihre künftige Entwicklung enorm hilfreich sein. Allein die vielen Denkanstöße, die Sie hier eigenständig entwickeln, sind bereits erste wichtige Schritte in die richtige Richtung. Oftmals gelingt es erst durch das Schreiben, tiefere Zusammenhänge zu erkennen, negative Verhaltensmuster aufzudecken und damit quälende, schmerzhafte Gefühle endlich loslassen zu können.

Sie können das Tagebuch als ein Werkzeug verstehen, mit dessen Hilfe es Ihnen über kurz oder lang gelingen wird, zu erkennen, welche wichtigen Veränderungen Sie in Ihrem Leben herbeiführen wollen und wie sie sich in die Tat umsetzen lassen.

Schreibendes Nachdenken ist bereichernd

Fest steht: Auch wenn es tatsächlich einiger Zeit und wohl auch Übung bedarf, damit man die vielfältigen Möglichkeiten zu schätzen weiß, die das Tagebuchschreiben zu bieten hat, kann diese Form der Selbstreflexion ausgesprochen bereichernd sein. So setzt das schreibende Nachdenken über sich selbst Gefühle und Gedanken frei, die eine positive Eigendynamik entwickeln. Als eine Art Gedächtnis kann das Tagebuch Ihnen zudem gute Dienste erweisen, Rückschau und Vorausschau zu betreiben. Auch können Sie durch die (tägliche) Selbstreflexion neue Standpunkte und Einsichten gewinnen. Wenn Ihnen regelrecht die richtigen Worte fehlen, um das, was Sie ausdrücken wollen, schriftlich festzuhalten, versuchen Sie das Thema oder die Empfindung zu umschreiben. Und auch wenn es sich zunächst nur um Ahnungen handelt, sind Ihre Gedanken es wert, niedergeschrieben zu werden.

Tagebücher gehören der Intimsphäre an. Es sollte deshalb selbstverständlich sein, dass sie von niemandem sonst gelesen werden.

Nehmen Sie sich abends Zeit, den Tag nochmal Revue passieren zu lassen.

Vorteile des Tagebuchschreibens

Nehmen Sie sich vor, von nun ab gewissenhaft alle Erkenntnisse, Erfahrungen und Überzeugungen zu vermerken. Auf diese Weise wird es Ihnen immer besser gelingen, Ihre neu gesteckten Ziele und Veränderungswünsche auch tatsächlich zu verwirklichen. Wenn Sie unter dem Druck des Alltags vergessen haben, welches Verhaltensmuster Sie ablegen und welche neue Einsicht Sie eigentlich in positives Handeln umsetzen wollten, genügt ein Blick ins Tagebuch. So kann es Ihnen dabei helfen, überholte Strukturen hinter sich zu lassen und neue Ansätze zu entwickeln und umzusetzen.

Sie können das Tagebuchschreiben auch dazu nutzen, Phantasiegeschichten zu entwickeln. Das Thema, die Figuren, die darin vorkommen, die Stimmung, die vorherrschend ist, ob es sich um ein trauriges Ende oder ein Happyend handelt – all dies kann Ihnen Einblick in Ihre aktuelle Lebenssituation vermitteln.

▶ Durch das Schreiben aktivieren Sie Ihr Unterbewusstsein. Auf diese Weise können Sie tief verborgenen negativen Glaubenssätzen auf die Spur kommen und sie durch positive ersetzen.

▶ Mit Hilfe des Tagebuchschreibens pflegen Sie den Kontakt mit Ihrem Wesenskern und werden ein bewussterer Mensch.

▶ Durch das schriftliche Nachdenken schärfen Sie den Blick für Ihre Bedürfnisse, Wünsche und Ziele.

▶ Im Tagebuch können Sie negative Gefühle aufarbeiten und schließlich loslassen.

▶ Durch den kreativen Prozess des Schreibens wird Ihr schöpferisches Potenzial angeregt, das Ihnen bei der Entwicklung von Lösungsstrategien helfen kann.

▶ Im Tagebuch können Sie sich Merksätze, positive Glaubenssätze, Affirmationen und alles andere notieren, was Ihnen wichtig erscheint und diese, wann immer Ihnen danach zumute ist, nachlesen.

▶ Das Tagebuch hilft Ihnen, Ihre eigenen Entwicklungen nachvollziehen zu können und nachträglich zu überprüfen, wie Sie Krisen bewältigt haben.

Darauf sollten Sie achten

Abschließend noch ein paar Tipps, damit das Tagebuch-schreiben Ihnen auch wirklich Freude macht und Sie es zu einer tragfähigen Säule Ihres Positiv Trainings machen können:

▶ Wie bei allem anderen, bei dem es im Vordergrund steht, in sich hineinzuhorchen, so braucht man auch beim Tagebuchschreiben einen geeigneten Platz, an dem man ungestört sein kann. Wichtig ist auch, dass man seine Eintragungen möglichst regelmäßig vornimmt, am besten täglich.

▶ Schreiben Sie mit Hilfe Ihres Tagebuchs nach und nach Ihre Biografie um! Erlegen Sie sich keine Restriktionen auf, sondern schreiben Sie nieder, was Ihnen gerade in den Sinn kommt. Vergessen Sie jedoch nicht, neben Ihren Niederlagen, Schwächen, Aggressionen und melancholischen Stimmungen auch Ihre Erfolgs-erlebnisse und positiven Gefühlslagen zu erwähnen. Denken Sie daran: Durch das Schreiben aktivieren Sie Ihr Unterbewusstsein, so dass Sie ihm auf diese Weise gleich viele neue positive Erkenntnisse zuführen können. Wenn Sie Ihren inneren Werdegang dann später nachlesen, können Sie daraus auch Mut und Kraft für neu anzugehende Ziele schöpfen.

▶ Scheuen Sie sich nicht, Stellung zu beziehen und Bewertungen von Dingen und Ereignissen vorzunehmen, die Ihnen tagtäglich widerfahren. Achten Sie dabei darauf, ob Ihre Urteile tendenziell eher positiv oder negativ ausfallen.

▶ Lesen Sie ab und zu Ihre Einträge aus früheren Tagen durch: Auf diese Weise können Sie am besten erkennen, wie sehr Sie sich verändert haben und in welchen Bereichen Sie noch an sich arbeiten dürfen.

Entwerfen Sie Ihr eigenes Persönlichkeits-diagramm, das ebenso die dunklen wie hellen Seiten Ihres Selbst berücksichtigt. Vergessen Sie jedoch nicht, sich all die positiven Erlebnisse während des Schreibens zu vergegen-wärtigen.

Der mentale Weg zum Erfolg

In unserer leistungsorientierten Gesellschaft wird Erfolg häufig daran gemessen, mit welchem Prädikat man sein Examen abgeschlossen hat, wie hoch das Jahreseinkommen ist, wie viele Autos man in der Garage stehen hat, wohin man in Urlaub fährt. Jemand, der von einem derartigen Prestigedenken geprägt ist, wird sich schnell minderwertig fühlen, wenn es ihm nicht vergönnt ist, sich all die Dinge zu leisten, die zwar das Leben nicht wirklich lebenswerter machen, aber doch zumindest nach außen hin dokumentieren: Ich habe etwas erreicht.

Was ist Erfolg?

Macht der Besitz von zwei oder mehr Autos wirklich glücklich? Fühlt man sich zufriedener, wenn man einige Hundert DM im Monat für modische Kleidung ausgibt? Ruht man in sich selbst, wenn man, statt am heimischen Herd zu brutzeln, seine Mahlzeiten in einem Nobelrestaurant einzunehmen pflegt? Zufriedene Menschen, die nicht auf den Pfennig achten müssen, sind niemals allein deswegen so zufrieden, weil ihre materielle Grundlage stimmt. Sie sind es, weil sie auch noch gesund sind, eine erfüllende Partnerschaft haben, stolze Eltern sind, Freude an ihrem Beruf haben oder weil sie es ganz einfach gewohnt sind, positiv zu denken und in der Lage sind, sich auch an den kleinen Dingen des Lebens zu erfreuen. Anders gesagt: Erfolg im Leben zu haben, kann, muss sich aber nicht zwangsläufig in der Höhe des Bankkontos widerspiegeln.

Natürlich kann es sehr zermürbend sein, arbeitslos zu sein oder nicht genug Geld für eine mehrköpfige Familie verdienen zu können. Doch auch wenn zunächst kein Ausweg aus der Misere in Sicht ist: Positives Denken hilft, die aktuelle schwierige Lage zu meistern.

Der Schlüssel zum Erfolg: in aller Munde, aber kaum jemand kann behaupten, ihn in der Hand zu halten.

Erfolg ist ...

> ... wenn es einem gelungen ist, negative Glaubenssätze in positive umzuwandeln.

> ... wenn man gelernt hat, sich selbst zu akzeptieren, so wie man ist.

> ... wenn man gelernt hat, andere so zu akzeptieren, wie sie sind.

> ... wenn man es geschafft hat, sich aus fremd bestimmenden Einflüssen zu lösen und an deren Stelle eigene Normen und Werte gesetzt hat.

> ... wenn man seinen Bedürfnissen und Wünschen entsprechend handelt, ohne dabei andere zu übervorteilen.

> ... wenn es einem gelungen ist, selbst gesteckte Ziele zu verwirklichen.

> ... wenn man seine Meinung mit Sicherheit und Selbstvertrauen vertritt.

> ... wenn man gelernt hat, auch einmal Nein zu sagen.

> ... wenn man Krisen durch selbst entwickelte Lösungsstrategien bewältigt und für sich selbst viele neue Erkenntnisse aus dieser Erfahrung gewonnen hat.

> ... wenn man eine Partnerschaft führt, bei der sich beide sehr wohl fühlen.

> ... wenn man zu seinen Kindern ein gutes Vertrauensverhältnis aufgebaut hat.

> ... wenn man das Gefühl hat, dass das, was man beruflich tut, aufbauend, anregend, bereichernd und abwechslungsreich zugleich ist – für sich und für andere.

> ... wenn man gelernt hat, in Krisensituationen sich selbst zu helfen.

> ... wenn man fähig ist, in jedem Problem die Chance zu einer Veränderung zu erkennen.

> ... wenn man sich wohl fühlt.

Wie auch immer Sie persönlich Erfolg definieren: Wichtig ist, dass Sie Ihre Leistungen auch auf Gebieten anerkennen, denen Sie bislang nur wenig Beachtung geschenkt haben oder die für Sie selbstverständlich waren. Jede Ihrer Fähigkeiten und jedes Gelingen eines Vorhabens verdient es, gewürdigt zu werden.

Selbstvertrauen ist gefragt

Um erfolgreich zu sein – auf welchem Gebiet auch immer –, bedarf es letztlich nicht viel. Setzen Sie sich Ziele, die genau Ihren Bedürfnissen Wünschen, Fähigkeiten und Neigungen entsprechen. Seien Sie bereit, einiges dafür zu tun, dass Sie diese Ziele auch tatsächlich erreichen. Wenn Sie sich schließlich nicht von der »Angst vor der eigenen Courage« vereinnahmen lassen und mutig auch den letzten entscheidenden Schritt ins große Unbekannte wagen, dann steht der Verwirklichung Ihrer Vorstellungen nichts im Weg.

Auf die richtige Vorbereitung kommt es an

Gewiss, es gibt einige Fallstricke, die man genau kennen muss, damit sich der Erfolg einstellt. Dazu gehört vor allem die richtige Vorbereitung: Klären Sie im Vorfeld ab, welche äußeren Faktoren objektiv gegen Ihr Vorhaben sprechen könnten. Informieren Sie sich, und überprüfen Sie im Gespräch mit Freunden, ob Ihre Vorhaben überhaupt realistisch sind. Wer sich selbstständig machen möchte, ist gut beraten, vorher genau die Konkurrenzsituation zu überprüfen und sich betriebswirtschaftliche Kenntnisse anzueignen.

Wer als Frau eine Familie gründen und gleichzeitig berufstätig bleiben möchte, der sollte bereits vor der Geburt des Kindes mit dem Partner klären, wie die Arbeitsteilung im Haushalt aussehen könnte. Außerdem empfiehlt es sich, ein offenes Gespräch mit dem Vorgesetzten zu führen, um deutlich zu machen, was in Zukunft für Sie machbar ist und was nicht (mehr). Wer das Rauchen aufgeben will, sollte sich schon vorher gedanklich und gefühlsmäßig auf die Zeit ohne Zigarette einstimmen.

Manche Menschen scheitern bei der Verwirklichung ihrer Pläne allein deshalb, weil sie in Wahrheit Angst vor dem Erfolg haben. Sie haben den negativen Glaubenssatz verinnerlicht: »Ich kann nichts, und ich bin nichts, und deshalb darf ich auch keinen Erfolg haben«.

Die richtige (Selbst-)Einschätzung

Wer nicht genügend Selbstvertrauen hat, wird generell Schwierigkeiten haben, offensiv für seine Interessen einzutreten. Wer nicht genügend Geduld zur Verwirklichung seines Ziels entwickelt, wird kaum das notwendige Durchhaltevermögen aufbringen, um auch Durststrecken und Rückschläge unbeschadet zu überstehen. Und wer dazu neigt, sich selbst zu überschätzen und/oder nicht in der Lage ist, äußere Umstände realistisch einzuschätzen, kann sich so schwer verkalkulieren, dass er schließlich sein Ziel verfehlt.

Kurzum: Je besser Sie über sich selbst Bescheid wissen und je klarer Ihnen Ihr Weg hin zu Ihrem angestrebten Ziel vor Augen steht, desto leichter wird es Ihnen fallen, Erfolg zu haben.

Seine Stärken und Schwächen genau einschätzen zu können, ist unerlässlich, um erfolgreich zu sein. Was hat es für einen Sinn, wenn man einerseits eine Führungsposition anstrebt, andererseits jedoch Angst davor hat, Verantwortung zu übernehmen?

Die Angst vor Unbekanntem überwinden

Es gibt ein Phänomen, das sich die Betroffenen selbst oftmals nicht erklären können: Wenn das Ziel schon in greifbarer Nähe ist, bringt man plötzlich nicht mehr den Mut auf, den letzten, den entscheidenden Schritt zu tun. Meistens ist es die Angst vor dem Unbekannten, die einen im letzten Moment verzagen lässt.

Veränderungen, egal, wie positiv sie gesehen sind, flößen vielen Menschen so große Angst ein, dass sie lieber in den alten, vertrauten Strukturen verharren als sich auf das Fremde, Neue einzulassen. Gerade hier hilft es sehr, wenn es Ihnen gelingt, sich auf Ihre Fähigkeiten zum positiven Denken und Handeln zu besinnen: Glauben Sie einfach an das, was Sie denken, und überwinden Sie so Ihre inneren Widerstände. Stellen Sie sich immer wieder vor, welche Bereicherung Ihr Leben erfährt, wenn Sie Ihre Ziele verwirklicht haben.

Stellen Sie sich dem Unbekannten

Die folgende Übung kann Ihnen dabei helfen, die Angst vor dem Unbekannten zu überwinden. Nehmen Sie Stift und Papier zur Hand, und beantworten Sie folgende Fragen möglichst spontan und ehrlich:

1. Stellen Sie sich die neue Situation genau vor, und spüren Sie nach, weshalb Sie Ihnen Angst einflößt.

2. Gibt es objektive Gründe, die Ihre Angst bestätigen? Wenn ja, was können Sie selbst dafür tun, dass diese Gründe keine Rolle mehr spielen? Wenn nein, sind Sie sicher, dass Sie es sich auch wirklich gönnen, endlich am lang ersehnten Ziel zu sein?

3. Suchen Sie nun nach einer Sache in Ihrem Leben, von der Sie heute denken, dass Sie sie schon viel früher hätten beenden sollen. Begeben Sie sich bewusst in diese frustrierende Erfahrung hinein.

4. Vergegenwärtigen Sie sich eine Erfahrung in Ihrem Leben, die ähnliche Gefühle in Ihnen geweckt hat. Denken Sie z. B. an Ihren ersten Schultag, an eine Prüfungssituation, an die Begegnung mit einem Menschen, der Ihnen zuerst sehr fremd war und dessen Bekanntschaft im Nachhinein sehr wichtig für Sie war.

5. Versetzen Sie sich in dieses damalige Erlebnis hinein. Erspüren Sie, wie angenehm es war, der Angst die Stirn zu bieten und durch das Erlebnis innerlich bereichert zu werden.

6. Nun denken Sie intensiv an den wichtigen Schritt, den Sie in Ihrem Leben machen möchten. Gehen Sie noch einmal die einzelnen Stationen durch, die Sie bereits durchlaufen haben, um dorthin zu gelangen. Und überlegen Sie sich, was Sie versäumen, wenn Sie jetzt stehen bleiben. Sie werden sehen: Nun sind Sie für den inneren Sprung ins kalte Wasser bereit.

So wie manche Menschen Angst vor dem Unbekannten haben, so streben andere ständig nach dem »Reiz des Neuen«. Diesen Menschen fällt es schwer, Verpflichtungen einzugehen, und sie empfinden schnell Langeweile.

Heimliche Sehnsüchte

Gefällt Ihnen das, was Sie tun? Sind Sie mit Ihrer Arbeit, Ihrer Partnerschaft, Ihrer Rolle als Mutter oder als Vater zufrieden? Oder denken Sie häufig: »Wenn ich könnte, würde ich mich mit ganz anderen Dingen befassen …« Oder gar: »Wenn ich könnte, würde ich am liebsten gar nichts mehr tun …« Nur den wenigsten von uns ist es vergönnt, sich dem süßen Nichtstun hinzugeben und ihr Leben frei von Verpflichtungen und Anstrengungen zu halten. Die Frage ist, ob dies überhaupt so erstrebenswert ist: Denn hat es nicht etwas Bereicherndes, wenn man Verantwortung trägt, etwa für das Gelingen eines schwierigen Projekts oder dafür, dass die Kinder glücklich heranwachsen? Würden wir unsere Freizeit überhaupt noch so genießen, wenn wir niemals mehr zu arbeiten bräuchten? Könnten wir wirklich ohne eine Aufgabe und ohne Ziele leben?

Denken Sie an das schöne Gefühl, wenn es Ihnen gelungen sein wird, Aufgaben zu bewältigen, die Sie vorher als große Herausforderung empfunden haben.

Es gibt viele Möglichkeiten sich auszudrücken. Es ist egal welche man wählt, Hauptsache man tut es.

Treffen Sie eine Entscheidung

Wenn Sie das, was Sie tun, eigentlich ablehnen und daraus vielleicht sogar den Schluss ziehen, eigentlich lieber gar nichts mehr tun zu wollen, ist dies eine ernste Angelegenheit, über die Sie nicht einfach so hinweggehen dürfen. Denn alles, was keinen Spaß (mehr) macht, ruft nach Veränderung. Wenn Sie einen Beruf ausüben, in dem Sie sich nicht mehr wohl fühlen, wenn Sie sich mit Dingen befassen müssen, die Sie verachten, wenn Sie mit Menschen zusammen sind, denen Sie keine Sympathie entgegenbringen, haben Sie genau zwei Möglichkeiten: Sie suchen sich einen neuen Job, tun ab sofort nur noch das, was Sie tun wollen und sagen allen Menschen Auf Wiedersehen, die Sie partout nicht leiden können. Oder: Sie revidieren Ihre Einstellung.

Ändern Sie Ihre Einstellung

Sie werden jetzt vermutlich sofort einwenden: »Ich kann es mir nicht leisten, meinen Beruf aufzugeben« oder »Was soll aus den Kindern werden, wenn ich mich von meinem Mann trenne«. Vielleicht brauchen Sie Ihre Arbeitsstelle ja auch gar nicht zu wechseln oder Ihren Partner zu verlassen. Möglicherweise hilft es Ihnen, wenn Sie beginnen, Ihre Einstellung zu ändern: Zu hadern und sich in negativen Gedanken zu verlieren, kostet nur Kraft und bewirkt gar nichts. Wenn Sie hingegen überlegen, was Sie an Ihrer Arbeit – oder an Ihrem Partner – einmal geschätzt haben, wenn Sie sich konkrete Gedanken machen, wie Sie bestimmte Rahmenbedingungen ändern können, damit Ihnen Ihre Beziehung oder das, was Sie tun, wieder Freude macht, dann haben Sie gute Aussichten, mit kleinen Veränderungen Großes zu bewirken.

Wenn Sie den täglichen Gang zum Büro nur noch mit Magenschmerzen und dem quälenden Gefühl »Ich will nicht« erleben, dann wird es Zeit, etwas zu ändern.

Etwas beenden, wenn es nicht mehr geht

Wenn Ihre positiven Gedanken Ihnen allerdings vor Augen führen, dass Sie nur dann selbst bestimmter und freier leben können, wenn Sie eine große Veränderung einleiten, dann sollten Sie Ihre Kräfte ganz darauf konzentrieren, diese Schritt für Schritt in die Tat umzusetzen. Jeder hoffnungslose Zustand verlangt danach, beendet zu werden. Positives Denken und Handeln ist nur dann möglich, wenn Situationen Perspektiven beinhalten, die man sehen und fühlen kann. In einer Atmosphäre, die einengt, erstickt und keine Perspektiven (mehr) bereithält, kann es nicht gelingen, Ja zum Leben und Ja zu sich selbst zu sagen. Genau dies sind jedoch die beiden Voraussetzungen, um (selbst-)bewusst und (selbst-)verantwortlich für das einzutreten, was Ihr Leben lebenswert macht.

Neuanfänge setzen immer Kräfte frei, mit denen man die neue Situation leichter bewältigen kann. Allerdings muss man innerlich bereit sein, alte Sicherheiten loszulassen.

Die Trennung von einem langjährigen Partner gehört wohl zu den schwierigsten Entscheidungen, vor allem, wenn auch Kinder davon betroffen sind. Deshalb empfiehlt es sich, erst einmal alle Möglichkeiten auszuschöpfen, um Konflikte und Probleme zu lösen. In manchen Fällen kann es der erste Schritt in die richtige Richtung sein, den Partner um Verzeihung zu bitten oder ihm zu verzeihen.

Sagen Sie Ja zum Leben

Machen Sie sich – mit Hilfe des Positiv Trainings – innerlich bereit, und überlegen Sie, welche Art von Veränderung am besten für Sie ist. Ändern Sie Ihre Einstellung, oder ändern Sie Ihre Situation. Hauptsache, Sie fügen sich nicht in Ihr – vermeintliches – Schicksal, sondern spüren, was Sie wirklich wollen. Aus Ihrem Willen erwächst automatisch die Fähigkeit zur Veränderung!

Die Kunst zu genießen

Eine der wichtigsten Quellen für Lebensfreude und Zufriedenheit ist das Genießen. Auf die Fähigkeit, genießen zu können – sei es die Spielstunde mit den Kindern, der Theaterbesuch, das Erfolgserlebnis, ein Glas Wein oder die Extraportion Schokolade, der intensive Gedankenaustausch mit sich selbst oder das vertraute Gespräch mit dem Partner – wird in unserer hektischen und mit vielen Tabus belegten Zeit nicht mehr allzu großer Wert gelegt. Die gängigen Ideale vermitteln uns, dass die Fähigkeit zur Selbstkontrolle wichtiger ist als die Fähigkeit zum Genuss.

Stichwort »gesunde Ernährung«

Schlank, fit und vital sein – was tun wir nicht alles, um diesen Vorgaben, die durch alle Schichten unserer Gesellschaft geistern, zu entsprechen. Es ist zweifellos sinnvoll, generell auf eine ausgewogene, ballaststoffreiche und fettarme Ernährung zu achten. Wohl dem, der nicht nur aus Pflichtgefühl, sondern weil es ihm schmeckt, vom Frühstück bis zur Abendmahlzeit Vollwertkost den Vorzug gibt. Wie anders verhält es sich, wenn jede Woche aufs Neue versucht wird, sich konsequent an ausgeklügelte Diätpläne zu halten, um das Idealgewicht zu erreichen. Diese Art des Essens hat nichts mehr mit Genuss zu tun, ja sie wird über kurz oder lang die Lebensfreude erheblich trüben und unserer Gesundheit schaden. Das Gleiche gilt für den schnellen Happen zwischendurch, der nur deshalb eingeschoben wird, weil der Magen knurrt und die Konzentrationsfähigkeit nachgelassen hat. Die Freude am Essen ist in diesem Akt der bloßen Befriedigung des körperlichen Verlangens nicht enthalten.

Wer seinen Frust abbauen möchte, indem er maßlos isst oder trinkt, ist vom wirklichen Genießen-können weit entfernt. Genuss verlangt nach einer entspannten Haltung.

Wenn die Gier das Essen bestimmt

Beim Essen ständig auf das zu verzichten, was einem eigentlich schmeckt, kann zu einer Dauerbelastung werden, die Körper, Geist und Seele nachhaltig schadet. Es hat also keinen Sinn, sich durch selbst auferlegte Tabus permanent unter (Ess-)Stress zu setzen.

In diesem Sinn hat auch das hemmungslose In-sich-Hineinfuttern nichts mit Genuss zu tun. So neigen manche dazu, die natürlichen Grenzen ihres Appetits regelmäßig zu ignorieren und ebenso unkontrolliert wie maßlos wahre Essorgien zu veranstalten. Oftmals verbirgt sich hinter dieser Gier der Versuch, ein Defizit im Seelenleben auszugleichen. Leider ist dieses Unternehmen zum Scheitern verurteilt, da die Reue in der Regel nicht lange auf sich warten lässt: Wut auf sich selbst, nicht diszipliniert genug gewesen zu sein, und Schuldgefühle verleiden das, was eigentlich als stiller Trost gedacht war, endgültig.

Außerdem können Ersatzbefriedigungen wie opulente Essen, Alkohol oder Süßigkeiten niemals die Ursache für das eigene Unwohlsein beheben. Nicht selten geraten jene Personen dann in einen Teufelskreis, die ihre wirklichen Bedürfnisse verdrängen.

Es gibt viele Gründe zu essen: Frust, Freude, Gesellschaft, Lust, Langeweile, ... aber nur einen guten Grund: Hunger.

Essen mit Genuss

Viel besser als ritualisierte Selbstkasteiungen oder hemmungsloses Schwelgen beim Essen ist es, sich einerseits grundsätzlich gesund zu ernähren und andererseits nur das zu essen, was auch wirklich schmeckt. Essen soll Freude bereiten, damit unser Körper, unser Geist und unsere Seele etwas davon haben. Nur so viel und nur so zu essen, wie es der Appetit verlangt, ist ein schöner positiver Glaubenssatz, der schon bald wieder mehr Freude in Ihr Leben bringt. Wenn Sie folgende Regeln beachten, steht dem Genuss nichts im Weg:

▶ Zelebrieren Sie den Genuss! Schlingen Sie Ihre Mahlzeit nicht einfach in sich hinein, sondern kauen und genießen Sie bewusst jeden einzelnen Bissen. Spüren Sie dem köstlichen Geschmack nach, und lassen Sie sich bewusst darauf ein, sich etwas Gutes zu gönnen.

▶ Lernen Sie auf Ihre innere Stimme zu hören. Auf diese Weise werden Sie wissen, auf was Sie gerade Appetit haben, wie viel Sie essen wollen und wann Sie wirklich satt sind.

▶ Wenn Sie einmal unbändige Lust verspüren, beim Essen über die Stränge zu schlagen, geben Sie Ihrem Verlangen ruhig nach: Solange Sie es nicht zu einer (schlechten) Gewohnheit werden lassen, schadet es keineswegs, ab und zu ein Stück Schokoladentorte oder eine üppige Portion Eis zu verzehren.

▶ Essen Sie nichts, was Sie nicht essen wollen. Viele von uns haben in ihrer Kindheit gelernt, alles aufzuessen, »was auf den Tisch kommt«. Tauschen Sie diesen negativen Glaubenssatz aus in: »Ich esse nur das, was mir schmeckt und was mir gut tut«.

▶ Vergessen Sie nicht, dass sich (unbefriedigte) seelische Bedürfnisse im Essverhalten niederschlagen.

Inzwischen ist sogar wissenschaftlich bewiesen, dass genussvolles Essen unsere Gesundheit fördert: So werden beim Essen mit Genuss u. a. verschiedene Hormone aktiviert, die als Antistressfaktoren dafür sorgen, dass wir uns rundum wohl fühlen.

Setzen Sie Ihre inneren Kräfte frei

Zum Schluss soll Ihnen noch einmal ans Herz gelegt werden, wie erfolgreich und zufrieden Sie sein können, wenn Sie mit Hilfe des Positiv Trainings lernen, sich Ihrer wahren Bedürfnisse, Wünsche und Ziele bewusst zu werden und Ihr Handeln darauf abzustimmen. Vertrauen Sie auf Ihre schöpferischen Kräfte.

Um negative Glaubenssätze und negative Gedanken aufzulösen, ist es nötig, ihnen zuerst unsere ganze Aufmerksamkeit zu schenken. Erst dann können wir sie loslassen. Auch dies ist Teil des Positiv Trainings: Dieser Schritt steht am Beginn eines inneren Wandlungsprozesses.

Zwingen Sie sich nicht zum positiven Denken

Wenn in diesem Buch immer wieder die Rede davon war, dass positives Denken Ihnen dabei hilft, bewusster und selbst bestimmter zu werden, dann sind Rückschläge ebenso einkalkuliert wie die Möglichkeit, dass Ihnen positives Denken in manchen Bereichen leichter als in anderen fallen wird. Es geht hier also nicht um positives Denken um jeden Preis, sondern um einen Entwicklungsprozess, der bei manchen einige Wochen, bei anderen einige Jahre dauert. Sinn und Zweck des Positiv Trainings wären verfehlt, wenn Sie sich von jetzt ab dazu zwingen würden, nur noch positiv zu denken. Positives Denken entfaltet seine schöpferische und heilende Wirkung erst dann, wenn wir wirklich von dem durchdrungen sind, was wir wollen, das bedeutet also, nur wenn Denken, Fühlen und Handeln im positiven Einklang miteinander stehen.

Machen Sie eine Liste

Was ist zu tun, wenn Sie feststellen, dass es Ihnen trotz aller Bemühungen auf einem bestimmten Gebiet nicht gelingt, Ihre negative Einstellung in eine positive zu verändern? Hilfreich ist, wenn Sie all Ihre negativen Gedanken zu diesem Thema auf einen Zettel schreiben. Dies sollten Sie für eine Weile jeden Tag tun. Gut möglich, dass Sie in den ersten Tagen immer wieder das Gleiche notieren werden. Sinn der Übung ist es, dass Sie sich täglich schwarz auf weiß deutlich machen, mit welchen unguten Überzeugungen Sie sich selbst das Leben schwer machen. Mit der Zeit werden Sie jedoch ganz gewiss eine Veränderung bemerken: Einige negative Gedanken werden verschwunden sein, andere nicht mehr als so gewichtig von Ihnen empfunden werden. Zu beobachten, wie die Zahl der Notizen abnimmt, dürfte für Sie Bestätigung genug sein, dass Sie auf dem richtigen Weg sind.

Negativ über die eigenen negativen Gedanken zu denken, ist ein weit verbreitetes Übel: Zu denken, dass negatives Denken schädlich ist, und sich dann darüber zu ärgern, dass man trotz besseren Wissens dennoch immer wieder negativ denkt, ist nichts anderes als negatives Denken in höchster Vollendung.

Lernen Sie, sich selbst zu beobachten, um aufkommende negative Gedanken im Keim zu ersticken.

Nutzen Sie die Kräfte, die die Natur Ihnen geschenkt hat. Und glauben Sie an sich, denn Glaube kann ja bekanntlich Berge versetzen.

Das kleine Einmaleins des Positiv Trainings

Die Kunst, positiv zu denken und auch den größten Schicksalsschlägen eine gute Seite abzugewinnen, ist nicht von heute auf morgen zu erlernen, vor allem dann nicht, wenn alte Gedanken- und Verhaltensmuster uns in unserem negativen Weltbild gefangen halten. Dennoch lassen sich Konditionierungen ablegen, sofern man mit Freude und Geduld dazu bereit ist, ein erfüllteres Leben zu verwirklichen.

Lassen Sie andere gern für sich entscheiden? Oder lassen Sie sich stark von Meinungen anderer beeinflussen? Dann wird es Zeit, Ihren negativen Glaubenssatz in den positiven umzuwandeln: »Ich bin bereit, für mich selbst Verantwortung zu übernehmen«.

▶ **Überprüfen Sie Ihre Glaubenssätze:** Sind es Ihre eigenen Lebensformen und Glaubenssätze, an denen Sie sich orientieren? Forschen Sie nach (negativen) Glaubenssätzen, die man Ihnen in Ihrer Kindheit anerzogen hat, die aber heute keine Gültigkeit mehr für Sie haben oder die Sie bislang an der Entfaltung Ihrer Persönlichkeit gehindert haben. Ersetzen Sie sie durch positive Glaubenssätze, die Ihrem Wesen entsprechen.

▶ **Denken Sie ganzheitlich:** Wenn Ihr Verstand zweifelt, folgen Sie Ihrem Gefühl. Wenn Ihr Gefühl in Bezug auf eine Veränderung »Nein« signalisiert, prüfen Sie, ob unbewusste Schuldgefühle, Ängste oder unterdrückte Aggressionen dahinter stecken könnten.

▶ **Gedanken ändern:** Lernen Sie, Ihre Gedanken zu beobachten. Um negative Gedanken aufzulösen, ist es nötig, ihnen zuerst unsere ganze Aufmerksamkeit zu schenken. Erst dann können wir sie loslassen. Achten Sie darauf, in welchen Situationen Sie wieder in negative Gedankenstrukturen zurückfallen, ohne dies jedoch zu bewerten oder zu verurteilen. Beobachten Sie die Wechselwirkung von Gedanken, Gefühlen und Handeln. Machen Sie sich innerlich klar, dass und wie Sie negative Gedanken über sich selbst, Ihre Mitmenschen und die Welt durch positive ersetzen wollen.

Die wichtigsten Lernschritte

▶ **Mobilisieren Sie Ihre Kräfte:** Mit Ihren Gedanken können Sie jederzeit Vorstellungsbilder erzeugen, die wiederum Ihr Handeln steuern. Nutzen Sie dafür auch die vertiefende Wirkung der Visualisierung. Positiv formulierte Leitsätze (Affirmationen), tragen zur Änderung Ihrer Verhaltensmuster bei. Sorgen Sie dafür, dass sich An- und Entspannung in Ihrem Leben die Waage halten.

▶ **Setzen Sie sich Ziele:** Überlegen Sie, ob das, was Sie bisher erreicht haben oder noch erreichen wollen, auch wirklich die Ziele sind, die Sie sich selbst gesetzt haben. Machen Sie sich Ihre Wünsche und Vorstellungen bewusst, und vergleichen Sie diese mit den Vorgaben, nach denen Sie bisher gelebt haben.

▶ **Ändern Sie schlechte Gewohnheiten:** Wenn Sie sich das Ziel gesetzt haben, eine schlechte Gewohnheit aufzugeben, machen Sie sich immer wieder bewusst, warum Sie sie aufgeben und wie Sie sich selbst am besten motivieren (belohnen) können, um Ihren festen Vorsatz ohne zu Zögern in die Tat umzusetzen.

▶ **Streben Sie Veränderungen an:** Wenn Sie es sich zum Ziel gesetzt haben, Ihr Leben zu verändern, üben Sie sich in Geduld, bereiten Sie sich sehr gut auf Ihren künftigen Weg vor, und lassen Sie sich auch durch mögliche Rückschläge oder Widerstände nicht beirren.

▶ **Pflegen Sie den Selbstdialog:** Bleiben Sie in Kontakt zu Ihrem Inneren, und lernen Sie auf Ihre innere Stimme zu hören. Achten Sie auf Ihre Träume, meditieren Sie, oder legen Sie sich ein Tagebuch zu. Scheuen Sie sich nicht, ihm all Ihre Sorgen, Nöte, Ängste, Wut und Verzweiflung anzuvertrauen. Verbannen Sie all Ihre negativen Gedanken und Empfindungen in dieses Tagebuch. Und fangen Sie dann ein neues Kapitel an: wie Sie von Tag zu Tag positiver denken, handeln und fühlen.

Machen Sie Ihr eigenes Urteil und nicht das der anderen zur Richtschnur Ihres Denkens und Handelns. So können Sie die Eingrenzung durch andere überwinden und gewinnen Raum, um Ihre eigene Persönlichkeit zu entfalten.

Impressum

Originalausgabe © MM
Südwest Verlag, München.
Der Südwest Verlag ist ein
Unternehmen der
Verlagsgruppe Random
House GmbH, München.

Copyright © 2005 für
die genehmigte
Sonderausgabe:
Bellavista, ein Imprint der
Verlag Karl Müller
GmbH, Köln.

Redaktion:
Dr. Annette Rehrl
Projektleitung:
Dr. Alex Klubertanz
Redaktionsleitung:
Dr. med. Christiane Lentz
Bildredaktion:
Ute Schoenenburg
Produktion:
M. Metzger (Leitung),
A. Aatz,
Dr. E. Weigele-Ismael
Layout:
Wolfgang Lehner

Für diese Ausgabe:
Redaktion:
Martina Rözel
Herstellung:
Tara Tobias Moritzen
Umschlaggestaltung:
Peter Udo Pinzer, Eppstein
Titelbild:
© Herbert Schwind/
picture-alliance/
OKAPIA KG
Reproduktion:
Jung Medienpartner,
Limburg
Druck und Bindung:
EuroGrafica, Marano

Alle Rechte vorbehalten.
Kein Teil dieses Werkes darf
ohne schriftliche
Einwilligung des Verlages in
irgendeiner Form
(Fotokopie, Mikrofilm oder
ein anderes Verfahren)
reproduziert oder
unter Verwendung
elektronischer Systeme
verarbeitet, vervielfältigt
oder verbreitet werden.

Printed in Italy

ISBN 3-8336-0459-X
www.bellavista-verlag.de

Über die Autorin

Dr. Nicole Schaenzler studierte zunächst Germanistik und Psychologie und arbeitet seit Abschluss ihres Studiums als Journalistin und Fachautorin. Ihre zahlreichen Veröffentlichungen beschäftigen sich vor allem mit Ernährung, Psychosomatik und alternativen Therapien.

Literatur

Bergen, Ulrich von: Kneipp-Heilmittel. Südwest Verlag. München 1999

Grüber, Dr. Isa: Kinesiologie. Südwest Verlag. München 1998

Grüber, Dr. Isa: Praxisbuch Kinesiologie. Südwest Verlag. München 1998

Besser-Siegmund, Cora: Mentales Training. Das Praxisbuch. Südwest Verlag. München 1998

Hinweis

Das vorliegende Buch ist sorgfältig erarbeitet worden. Dennoch erfolgen alle Angaben ohne Gewähr. Weder Autorin noch Verlag können für eventuelle Nachteile oder Schäden, die aus den im Buch gemachten praktischen Hinweisen resultieren, eine Haftung übernehmen.

Bildnachweis

Bilderberg, Hamburg: 21 (P. Blok), 92 (Eberhard Grames); IFA- Bilderteam, München: 17 (Diaf), 44 (Ostgatke), 103 (P. Sinlcair); Das Fotoarchiv, Essen: 74 (Kathleen Forster); Image Bank, München: 4 (Inner Light), 10 (C. Kohen), 13 (Chris Cole), 39 (David de Lossy), 60 (T. Rakke), 67 (R. Cocker), 70 (M. O'Neil), 110 (J. Banagan), 116 (M. Romanelli), 120 (Romilly Lockyer), 123 (Zhen Ge Peng); Südwest Verlag, München: 65, 82 (K. Vey/Jump), 98 (Ulla Kimmig); Tony Stone, München: 1 (S. Ellis), 24 (R. Raymond), 28 (Tom Landecker), 35 (N. Dolding), 48 (Monneret), 54 (P. Tweedie), 78, 107 (James Darell), 87 (H. Wells)

Register

Adaption 59
Adrenalin 59
Affirmation 83ff., 125
Aggressionen 25, 93
Analytische Traum-
    deutung 33
Ängste 30, 41, 54ff., 71, 87,
    93, 101
Arbeitsbesessenheit 76
Assoziative Traum-
    deutung 32
Atem 94ff.
Ausgeglichenheit 100
Ausstrahlung 49
Autogenes Training 63,
    100f.

Bedürfnisse 52
Beruf 17
Berufliche Schwierig-
    keiten 11
Bestandsaufnahme 57
Bewertungen 38ff.
Beziehungen 51
Bilder 88ff.
Blockaden 9, 20, 35ff., 54,
    67, 96
Bluthochdruck 59
Braid, James 102

Charaktereigenschaften
    15
Checkliste 7ff.
Chronische Erschöpfung
    60

Depressive Stimmungen
    60

Eltern-Ich-Zustand 22
Entscheidung 117
Entscheidungshilfe 89
Entspannung 63, 98ff.
Erfolg 17, 111ff.
Erfolglosigkeit 46
Erfolgsbilanz 53
Erfolgserlebnisse 50
Erinnerung 19
Ernährung 119
Ersatzbefriedigungen 120
Erwachsenen-Ich-
    Zustand 22
Erwartungen 7
Erziehung 15f., 50
Essen 119ff.

Familiäre Konflikte 11
Familie 16ff., 36
Fehler 77
Fehlleistungen 27
Finanzielle Probleme 11
Fremdbestimmung 36
Freunde 16, 36

Ganzheitliche
    Medizin 64
Gedanken 5ff., 13, 69
Gedankenmuster 124
Gefühle 15, 20f., 69
Gegensätze 6
Genuss 119f.
Gewohnheiten 74ff., 125
Gier 120
Glaubenssätze, negative
    35ff., 51, 71f., 122, 124
Gleichgewicht 6, 92
Glukagon 59

Hara 94
Harmonie 63, 100
Herzinfarkt 59
Hypnose 103

Inspiration 27
Intuition 27, 68
Isolation 56

Jacobson, Edmund 101

Katastrophen 11
Kettenreaktionen 71
Kind-Ich-Zustand 22
Kindheit 15ff.
Komplimente 52
Konditionierungen 124
Konfliktbewältigung 30
Konflikte 93
Konsumgesellschaft 40
Konventionen 16, 37
Konzentration 96
Konzentrationsprobleme
    95
Konzentrative Meditation
    92
Kopfschmerzen 12
Körperbewusstsein 50
Körpersteuerung 101
Kortisol 59
Krankheit 64f.
Krebs 59
Kritik 44

Lebensformeln 14, 17, 25
Lebensgefühl 9
Leistungsdruck 103
Liebe 17
Liebesentzug 44

Register

Macht 17, 68
Magen-Darm-Störungen 12, 59
Mandalas 94
Meditation 63, 92ff.
Mentale Entspannung 87ff.
Merkfähigkeit 31
Muskelverspannungen 12

Nabelschau 106
Negative Erwartungen 71
Negativerfahrungen 25

Ohnmacht 17
Organsprache 64

Partnerschaft 17
Partnerwahl 45
Persönlichkeitsdiagramm 109
Perspektiven 118
Phantasie 27, 80
Positivkonzepte 67ff.
Prioritäten 63
Progressive Muskel-relaxation 63, 101f.
Psychologischer Magnetismus 24
Psychosomatische Beschwerden 12
Psychosomatische Medizin 64

Respekt 79
Rollenspiele 23
Rückenschmerzen 12

Schlafprobleme 12, 59, 95
Schreiben 105ff.
Schuldgefühle 43ff.
Schultz, Johannes Heinrich 100
Sehnsüchte 116f.
Selbstbestimmung 38
Selbstbewusstsein 14, 17, 93f.
Selbstbild 48ff.
Selbstdialog 104, 125
Selbsteinschätzung 114
Selbsterhaltungs-mechanismen 11
Selbsterkenntnis 31
Selbstheilungskräfte 87
Selbsthypnose 100, 102f.
Selbstliebe 17
Selbstsabotage 44f.
Selbstverantwortung 61
Selbstvertrauen 16, 113f.
Selbstwert 76
Selffulfilling prophecy 45
Skript 23f.
Soziales Umfeld 36
Spirituelle Meditation 92
Sport 99
Standortbestimmung 7
Stress 30, 59ff., 98ff., 101
Symptomsprache 64

Tabus 120
Tagebuchschreiben 105ff.
Tiefmuskel-Entspannungs-training (TE) 101
Trance 94, 102
Transaktionsanalyse 22f.
Trauer 94

Traumarbeit 29ff.
Traumatische Erlebnisse 56
Traumdeutung, 32f.
Trennung 15, 118

Überreaktionen 27
Übertreibungen 71
Unbekanntes 30, 114f.
Unterbewusstsein 15, 25ff., 67, 84, 102
Urteile 38

Vegetatives Nervensystem 101
Veränderungen 42, 118f., 125
Verantwortung 51
Verdrängung 12
Vergleiche 52, 71
Verhaltensmuster 124
Verkrampfungen 101
Verlusterlebnis 15
Vermeidungsstrategien 12, 56
Versagensängste 40
Verstand 15
Verurteilungen 38
Verzeihen 78
Visualisierung 87ff., 125
Vorstellungen 80
Vorurteile 39

Wertekanon 36
Wertvorstellungen 16
Wünsche 81

Yoga 63, 100

Ziele 41, 79, 125